Zwischen Stunk und Prunk

Ein Klatschmarsch durch die Institutionen

Wolfgang Schmitz (Hrsg.)

D1729598

Volksblatt Verlag   Köln 1991

Wir danken allen, die zum Gelingen dieses Buches beigetragen haben.
Neben den Autoren und Autorinnen,
den Mitgliedern der »Stunksitzung« und der »Prunksitzunk«,
den Fotografen und Fotografinnen
(hier besonders Axel Krause und Manfred Linke von der laif-Fotoagentur)
gilt unser Dank
Prima Print, Balloni, Gilden Kölsch und der Stadt-Revue.

Redaktion: Jürgen Becker, Rainer Osnowski, Wolfgang Schmitz
Titel: Kasper Grafik-Design, Köln
Satz: DTP Service Hartwig & Runge, Köln
Lithos: Miess & Voswinkel, Köln
Druck: Prima Print GmbH, Köln

1 2 3 4 5 94 93 92 91
Printed in Colonia

Vorwort

Vor ein paar Jahren hätte der Vorschlag, bei ihnen ein Buch über den Karneval zu machen, die Leute vom Volksblatt Verlag ganz schön in Verlegenheit gebracht. Damals war Karneval noch die Zeit, wo man an der Nordsee oder in der Eifel lange Spaziergänge machte.

Heute dürfen der fortschrittliche Rheinländer und die emanzipierte Rheinländerin zuhause bleiben und mitfeiern. Das Argument, Karneval sei als Fest der Spießer und Reaktionäre zu meiden, hat an Überzeugungskraft verloren. Und das, obwohl noch immer eine Koalition aus Funktionären, Politikern und anderen Bedeutungsträgern die großen Veranstaltungen der Session im Griff hat – Prinzenproklamation, Prunksitzungen, Rosenmontagszug, nicht für Kuchen möchte man damit zu tun haben. Aber das ist nur die eine, in ihrer Bedeutung überschätzte Hälfte des närrischen Himmels.

In der anderen Abteilung tummeln sich – unbeherrscht und unbeherrschbar wie eh und je in der fast unendlichen Karnevalsgeschichte – unzählige und unorganisierte Straßen- und Kneipenjecken zwischen Deutz, Nippes, Ehrenfeld und Südstadt. Vorortvereine, die ihre Programme selber machen, wie die Düxer Clowns, die ihre magischen Momente im rot-weißen Ringelhemd beim Fußmarsch über den Rhein Richtung Innenstadt erleben, oder Hunderte von Spontangemeinschaften, die sich beim nächtlichen Nubbelverbrennen die Augen rotheulen.

Die Reihen derjenigen, die vielleicht nicht darüber nachgedacht, aber trotzdem nicht vergessen haben, daß der Karneval in erster Linie ein Volks-Fest ist, haben in der jüngeren Vergangenheit Verstärkung bekommen. Zum Beispiel durch die »Stunksitzung«, die seit 1984 die Zeit zwischen Neujahr und Aschermittwoch bunter macht und manchen den Reiz der »Tollen Tage« neu oder wieder erschlossen hat.

Dieser neuen Lust am Karneval will dieses Buch Zucker geben: mit einem ausführlichen Lese- und Bilderteil über sechs Jahre »Stunksitzung«, mit Berichten über andere Karnevals-Alternativen zwischen Köln und Bonn sowie Momentaufnahmen, die aus ganz unterschiedlichen Blickwinkeln Geschichte, Gegenwart und mögliche Zukunft dessen ins Auge fassen, was offiziell gerne die »fünfte Jahreszeit« genannt wird, Eingeweihten aber die erste, weil einzig wirklich lebenswerte ist.

Köln, im Dezember 1990

Wolfgang Schmitz

Die Stunksitzung.

Wolfgang Schmitz

Liebe auf den ersten Blick.

Die Begegnung mit der Stunksitzung.

Meine erste Begegnung mit der Stunksitzung fand statt an einem kalten Winterabend des Jahres 1984. Da besuchten mich einige Menschen – bis auf Jürgen Becker kannte ich keinen von ihnen – zu Hause und zeigten mir per Video, was sie im Februar zuvor als alternativen Karneval auf die Bühne gebracht hatten. Die Aufnahmequalität war höchst mittelmäßig, der Ton ließ sich teilweise nur erahnen, aber die Idee begeisterte mich auf den ersten Blick.

Da hatten sich Leute die Freiheit genommen, die festgefahrenen Formen des überkommenen Sitzungskarnevals für ihre Zwecke auszuleihen – Elferrat mit Präsident, Nummernprogramm mit Musik auf der Bühne, schunkelfreundliche Sitzanordnung im Saal –, um daraus einen rotzig-frechen Spaß zu machen. Stunk statt Prunk. Eine Rückkehr an die Wurzeln des Karnevals, den die Frohsinnsverwalter in Vereinen und Festkomitees im Laufe der Jahre zu einer faden Suppe für Honoratioren und Touristen eingekocht hatten.

Gürzenich
Köln 1988

Den Herrschenden auf die Füße zu treten, die von ihnen geschaffenen Verhältnisse zu kritisieren und zu karikieren, die von ihnen gesetzten Regeln außer Kraft zu setzen: Das war für mich Karneval, und dazu dieses immer wiederkehrende Gefühl von Lebenslust und Lebensfreude an diesen magischen Tagen – ich feiere, also bin ich. Auf den Straßen war das zu erleben, Weiberfastnacht auf dem Wilhelmplatz in Nippes, in manchen Kneipen, in manchen Liedern der »Bläck Fööss«. Aber eben für meinen Geschmack nicht in dem, was nach außen, in Zeitungen und im Fernsehen, als Karneval verkauft wurde.

Daß dieses – unser – Fest Jahr für Jahr mehr in die Gewalt der Funktionäre und Vereinsmeier geraten war, hat viele dazu getrieben, »nit für Kooche« zwischen Weiberfastnacht und Aschermittwoch in Köln zu bleiben. Auf den Sitzungen zwischen Gürzenich und Sartory regierte die Langeweile, wenn nicht Geschmacklosigkeiten, Ressentiments und Späße zu Lasten von Minderheiten für schenkelklopfende Heiterkeit sorgten. Und selbst die »Lachende Sporthalle« war weniger des gebotenen Programms wegen ein Erfolg, sondern weil sie für viele einen Rahmen bot, sich in der angereisten Clique selbst einen schönen Abend zu machen. Ursprüngliche Feststimmung hatte sich allenfalls noch in einigen Veranstaltungen kleiner Vorortvereine, Jugendgruppen oder Kirchengemeinden gehalten.

Studiobühne
Köln 1990

In dieser Wüste entstand – zunächst als kleine Oase – die Stunksitzung. Von Studentinnen und Studenten aus pädagogischen Berufen auf gut Glück zusammengefingert, ist sie über die Jahre zur Institution geworden. Sie hat mit ihrem alternativen Rezept zunächst die »linke Szene«, später eine wachsende Zahl von Studenten und Studentinnen und inzwischen ein in seiner Zusammensetzung kaum noch beschreibbares Publikum für den Sitzungskarneval zurückgewonnen und wird, wenn nicht alles täuscht, 1991 mit dem Umzug in einen größeren Saal endgültig zum Bestandteil des Kölner Volkskarnevals werden.

In sechs Jahren hat es keine Stunksitzung gegeben, die nicht ausverkauft gewesen wäre. Die Mischung aus Kabarett und Klamauk, opulenter Bühnenshow und Musik, die den direkten Weg in Kopf, Bauch und Beine findet, ist im Laufe der Zeit immer professioneller geworden – und hat natürlich auch ihre Kritiker gefunden, denen der Spaß an der Freude zuviel und

9

der Stunk zuwenig geworden ist. Spätestens seit Gisbert Brovot, der Präsident des Festkomitees Kölner Karneval, 1990 auf der Besucherbank Platz genommen und sich sichtlich amüsiert gezeigt hat, muß die Stunksitzung mit dem Vorwurf leben, sich auf dem Wege der Etablierung ins bürgerliche Karnevalsgeschehen zu befinden.

Unbestritten ist, daß die Stunksitzung den Karneval in Köln bereichert hat, daß sie Menschen zu Sitzungsbesuchern gemacht hat, die vor ein paar Jahren im Traum nicht daran gedacht hätten, sich schunkelnd bei ihren Nachbarn einzuhaken – ohne rot zu werden – und sich beim nächsten Wohngemeinschaftsplenum peinlichen Fragen auszusetzen. Sie hat mit ihrem Erfolg auch einige Verantwortliche für den »offiziellen« Karneval ins Grübeln gebracht. Das alles übrigens ohne Zutun des »Kölner Stadt-Anzeigers«, der als Zentralorgan des Festkomitees die Aktivitäten der Alternativen auch im Karneval lange Zeit überhaupt nicht zur Kenntnis genommen hat.

Diejenigen, die die Stunksitzung 1984 aus der Taufe gehoben haben, sind heute größtenteils noch dabei und haben in langen Gesprächen das Material geliefert für die nachfolgenden Kapitel: eine Selbstauskunft über sechs Jahre Stunksitzung. Wer das Geschehen dort selbst erlebt hat, wird ein Stück Geschichte und ein paar Geschichten zum Wiedererkennen finden. Andere lesen die nächsten Seiten vielleicht als eine Art Tagebuch eines Alternativprojektes, und diejenigen, die mehr zufällig herumblättern, werden, so hoffe ich, neugierig werden auf das, was die Stunksitzung zu bieten hat. Jeder Jeck liest eben anders.

Stunksitzung
Köln 1989

Die Welt aus den Angeln heben.
Ein Alternativprojekt entsteht.

1982: Viel Positives ist aus diesem Jahr nicht in Erinnerung. Deutschland verlor das WM-Finale gegen Italien, die sozialliberale Koalition betrieb mit ihrer Rotstift-Politik soziale Demontage und dann mit einem sommerlichen Interviewkrieg ihren endgültigen Untergang. Die Friedensdemos hatten großen Zulauf und – zunächst – wenig Wirkung. Die holländische Gruppe »Bots« durfte ungestraft immer wieder aufstehen und mit weichem Wasser Steine waschen. Und in Köln fanden dreißig Leute, die meisten Studentinnen und Studenten an der Fachhochschule in Zollstocks, zusammen. Hätte man ihnen prophezeit, sie würden ein paar Semester später als Karnevalisten Furore machen, hätten sie einen glatt für bescheuert erklärt.

Angefangen hat alles mit der Besetzung der Fachhochschule in Köln-Zollstock im Sommer 1982. Die meisten von uns haben da studiert. An der FH sollten Stellen gestrichen werden, aber es ging auch um Kürzungen von Sozialleistungen, von denen wir betroffen waren, und es ging um den Abbau des Sozialstaates, wie das damals hieß. Dann haben wir den ganzen Laden zwei Wochen lang besetzt, auch die Mensa. Während der Besetzungszeit hat Detlef Wiener, einer der Dozenten, der später auch Stunksitzung gemacht hat, Seminare angeboten: Alternativen im und zum Sozialstaat. Der hat uns erstmal den Marxismus untergejubelt – wir Flippies von der Alternativjugend kannten das nicht, wir waren ja nicht die Achtundsechziger. Damit das alles auch ein bißchen Spaß machte, haben wir Exkursionen gemacht, nach Berlin zum Beispiel, auch in die DDR, die mit dem Zaun und der Mauer und Kontrollen, hat man schon fast vergessen inzwischen.

Vorsicht beim Träumen!
UFA-Fabrik, 1982:
Detlev Wiener analysiert
den Kapitalismus

In Berlin besuchten wir auch den Ufa-Zirkus, und als wir zurück waren in Köln, waren wir total gut drauf und sagten uns, das machen wir auch. Wir können nicht immer Seminare machen, gründen wir einen Zirkus.

Einer der Höhepunkte der FH-Besetzung war eine Nacktdemo unter dem Motto: Einem nackten Mann kann man nicht in die Tasche packen. Das paßte genial zum Thema Sozialabbau und bewies schon früh unsere kulturelle Phantasie im Widerstand – jedenfalls im Vergleich zu der großen Friedensdemo in Bonn, die zur gleichen Zeit stattfand. Am Barbarossaplatz haben wir uns getroffen, alle im Kreis aufgestellt, die Köpfe zusammen, bis drei gezählt und uns dann ausgezogen. Brust und Rücken bemalt, sind wir den Ring runter über den Rudolfplatz zum Neumarkt. Am Rudolfplatz war dann eine Kundgebung, dabei haben wir die witzigsten Sachen

**Himmlische
Perspektiven**
Doro Egelhaaf und
Angelika Pohlert

erlebt. Erstmal kam eine Frau an, so eine alte, kräftige, kölsche Type und schimpfte: »Dat sin doch alte Säue«, dann ein Türke oder Grieche, der fragte immer: »Was machen hier, was machen hier?« »Wir demonstrieren hier gegen die Kürzungen im Sozialbereich und ...« »Ohne Kleider?« »Ja.« »Das ist schön!« Und am Schluß, als wir uns schon wieder angezogen hatten, kam eine alte Frau und sagte: »Was ist denn hier los, warum zieht Ihr euch denn wieder an? Das ist ja toll. Wissen Sie was? Mein Mann ist jetzt fünfzehn Jahre tot, ich bin jetzt fünfundsiebzig. Und ich habe noch nie so viele schöne nackte Männer gesehen, das finde ich aber schade, daß Sie sich schon wieder anziehen.«

Daß am Ende dieser Besetzung die Idee stand, einen Zirkus, den Kölner Spielecircus zu gründen, war eher ein Zufall. Wir hatten bei den Ufa-Leuten gesehen, daß das funktionieren kann: zusammen leben, zusammen arbeiten. Die hatten ein riesiges Gelände, Häuser, Hallen, Werkstätten, Bäume und Grün, ein Dorf in der Stadt, konnten machen was sie wollten, haben sich etwas geschaffen. Wir wollten das nicht kopieren, aber dieses Modell einer kollektiven Gesellschaft mit Wohngemeinschaften und Arbeitskollektiven hat uns begeistert. Wir wollten auch ein »Projekt«, haben uns Modelle ausgedacht. Arbeiten in einer Druckerei oder Kraftfahrzeugwerkstatt beispielsweise, zwischendurch auch was mit Kultur, natürlich immer rotierend, alle sollten alles machen. Wir waren sicher, eine Nische im Sozialstaat gefunden zu haben, das Paradies auf Erden schien plötzlich möglich. Und das alles mit Starthilfe des Bafög-Amtes.

Geht doch!
Erster kleiner Probeauftritt
in Ruppichterroth

**Am Arsch
der Welt**
Tourneepause
im Westerwald

**Dilettanten aller
Länder...**
im Kreis Siegburg

12

Unseren Sozialarbeiteranspruch konnten wir dabei gleich mit befriedigen, denn, dachten wir, wenn es viele solcher alternativen Projekte gibt, haben auch die eine Chance, die sonst im Sozialstaat keine Schnitte kriegen. Die Alkis zum Beispiel, die mit großem Aufwand trocken gemacht und dann in die Verhältnisse zurückgeschickt werden, die sie in die Abhängigkeit überhaupt erst getrieben haben. Wenn die so leben könnten, wie wir uns das für uns vorgestellt hatten: Das wäre doch die Alternative im und zum Sozialstaat. Wir waren überzeugt, daß wir, wenn wir erstmal anfingen, die Welt aus den Angeln heben könnten.

Das hat nicht ganz geklappt – aber ein Jahr später lief die erste Tournee des »Kölner Spielecircus«!

Narrenkappe mit Stern.
Ein Kollektiv entdeckt den Karneval.

1983: Von der Gruppe, die über die Besetzung der Fachhochschule zusammen gekommen war, waren einige den verschärften Streß von Gruppendynamik in Tateinheit mit Basisdemokratie ziemlich schnell leid geworden; ein paar Neue waren dazu gekommen. So machte sich im Sommer ein Troß von gut zwanzig Leuten auf, um die minderjährige Menschheit mit einem neuen Kinderzirkus zu beglücken. Das Programm war zunächst eher gut gemeint als gut gemacht, Jürgen Becker beispielsweise dilettierte als nicht übermäßig begabter Zauberer. Ans Geldverdienen dachte ernsthaft niemand, der Spaß miteinander und das Bewußtsein, alternative Betriebsstrukturen zu verwirklichen, standen im Vordergrund.

STUNKSITZUNG

Während der ersten Tournee des »Kölner Spielecircus« an einem verregneten Nachmittag in einem Bonner Cafe tauchte die Frage auf: Was machen wir im Winter, wenn es keinen Zirkus gibt? Da malte Jürgen Becker irgendwann einen Stern mit Narrenkappe auf eine Karteikarte und dann hieß das Ding plötzlich »Stunksitzung«. Wem das eingefallen war, läßt sich nicht mehr genau klären. Jedenfalls fanden wir es »irgendwie« gut, Stunk und Punk als Gegensatz zu Prunk. So waren eben die meisten damals drauf. Mit dem Anspruch, Gegen-Karneval zu veranstalten, hatte die Stunksitzungsidee zuerst nichts zu tun. Wir hätten uns auch entscheiden können, eine alternative Fahrradwerkstatt aufzumachen oder irgendwas sonst, Hauptsache zusammen. Viele von uns hatten mit Karneval sowieso nicht das Mindeste am Hut.

Wolfgang Nitschke: »Karneval hat und hatte für mich keine Bedeutung. Ich finde es schön, daß es sowas gibt in der Zeit, aber mir wäre auch jedes andere Datum recht. Womit ich überhaupt nichts zu tun habe, ist dieser organisierte Karneval, diese Politfritzen, die da rummachen und alles in der Hand haben und der Rosenmontagszug. Wenn ich die Köppe alle sehe, die da nach den Steinzeitbonbons grabschen und sich gegenseitig die Rübe einschlagen wegen einer Tafel Schokolade, die kein Mensch mehr essen kann, das interessiert mich nicht. Ich finde auch die Witze schal, die Wagen, die sie da bauen, und mir kommt die Kotze hoch, wenn ich die Negerköppe sehe. Ich will damit nichts zu tun haben. Gut finde ich beim Karneval diese Feierstimmung, sonst eigentlich nichts.«

Doro Egelhaaf: »Ich hatte nur schreckliche Erfahrungen mit dem Karneval. Man war als Alternative dagegen – und dann die ganzen Betrunkenen. Ich bin Karneval immer nach Holland gefahren. Als dann der Jürgen mit der Sitzung kam, dachte ich, der hat eine Vollmeise – Karneval, mit mir nicht!«

Didi Jünemann: »Ich fand das mit dem Karneval gut. Aufgewachsen bin ich zwar in Düsseldorf, aber richtig angefangen zu leben habe ich erst, seitdem ich in Köln bin. Ich habe als Dreizehnjähriger einmal am Rosenmontagszug ganz selbständig teilgenommen, hab mir einen Omo-Karton genommen, auf meinen Roller geschnallt, ein riesiges Clownskostüm, und wo der Zug sich aufgestellt hat, der Düsseldorfer Zug, bin ich irgendwo rein und bin den ganzen Rosenmontagszug mitmarschiert. Dann gaben mir die anderen immer Kamellen ab, die ich zu werfen hatte. Kölner Karneval kriegte ich zuerst im Zivildienst mit, in der Obdachlosensiedlung, und wie der da gefeiert wurde, einfach toll.«

Günter Ottemeier: »Ich bin ein Imi, ich komme aus Lippstadt in Westfalen, und von daher hatte ich als Kind immer schon einen Frust, daß es keinen Karneval gibt. Ich kannte Köln zu dem Zeitpunkt noch nicht, aber ich wollte mich als Kind schon mal verkleiden und auf die Straße gehen, dann habe ich das auch gemacht, aber es gab nichts, es gab kein Forum, wo man irgendwie feiern konnte. Deswegen war ich, als ich mit Neunzehn nach Köln zog, sofort scharf auf den Karneval und war schon wieder gefrustet. Denn ich kannte so ungefähr zehn Leute und keiner von denen wollte mit mir Karneval feiern. Ich bin dann alleine losgezogen – das war mit mein schönster Karneval.«

Der Sommer ging, die Idee blieb; als ständige Erinnerung hing die Karteikarte mit Narrenkappe und Stern im Tournee-LKW, ab und zu wurde darüber gesprochen. Die Meinungen blieben geteilt. Komischerweise hatten

»Gib mir mal die Butter!«
Die alternative Großfamilie im Zirkuswagen

wir keine Zweifel, daß wir das hinkriegen würden – Kinderzirkus hatte schließlich auch irgendwie ganz gut funktioniert, und Karneval könnte kaum schwieriger werden. Da muß nicht alles perfekt sein und professionell, da macht man auf der Bühne ein bißchen Heizefeiz und dann wird gefeiert. So ungefähr haben wir uns das vorgestellt. Kackfrech und dreist, aber so sind wir viele Sachen angegangen.

Mit den Diskussionen wurde der Reiz größer, in dieser anarchistischen Zeit, wo alle Kopf stehen dürfen und sich verkleiden, eine knallige Show zu machen und auf die Kacke zu hauen. Schließlich hat sich die Karnevalsfraktion durchgesetzt, und ohne langes Überlegen war die Form, die das Ganze haben sollte, klar: Biertische hinstellen, Elferrat mit Präsident, ein paar Nummern, eine Band, fertig. Alles so wie im Gürzenich, nur mit anderen Inhalten. Denn was immer man gegen den Karneval sagen kann, die Form der Sitzungen ist einfach genial, weil sie alle Möglichkeiten offenläßt. Am Ende haben wir dann, mit nichts als der Idee im Kreuz, einen Saal gemietet.

Allererste Eintrittskarte
1984

Wenn am Chlodwigplatz der Mannschaftswagen brennt.
Die erste Stunksitzung.

So groß die Skepsis anfangs teilweise war – als es ernst wurde, war doch die ganze Gruppe – Kölner und Imis, Karnevalfans und -muffel – dabei, um die erste Stunksitzung auf die Bühne zu bringen. Dreißig Leute, von denen niemand vorher eine Wette annehmen wollte, ob die Sache gutgehen würde. Alles wurde in Eigenregie gefertigt: Brötchen, das bescheidene Bühnenbild, die Kostüme und schließlich auch ein Programm, das aber gerade für einen halben Abend reichte. Der Ernstfall trat ein am 26. Februar 1984.

»Schöne Dinge verfliegen, ohne festgehalten zu werden, aber jetzt hat mich die Eiszeit wieder gewaltig eingeholt. Ein Tag, der vor lauter Blässe niemals Tag werden will. Eine völlig aufgewühlte, vollbesetzte Studiobühne – aber uns bleibt es kalt, eiskalt. Mauseloch, geliebtes Mauseloch, wo bist du? Köln, Köln – was ist bloß los?« *Tagebucheintrag von Didi Jünemann, (»Laut und Lästig«) 27. Februar 1984.*

»Ich hatte tierisches Lampenfieber und folgenden Alptraum: Wir stehen auf der Bühne, das Publikum ist da, nur das Programm ist noch nicht fertig. Und dann gehen die Leute kleckerweise raus. Das träume ich heute noch vor jeder Sitzung. Ich hatte Schiß, weil ich mir überhaupt nicht vorstellen konnte, was das ist, was wir da machen, wie das ankommt, ob das gut ist. Ich hatte immer das Gefühl, wir sind absolute Dilettanten, die es wagen, sich auf eine Bühne zu stellen. Mit diesem Gefühl habe ich am Anfang immer kämpfen müssen. Ich hätte gedacht, man probt erst zwei Jahre, guckt und plant, ob das irgendwie in der Szene ankommen könnte, und überlegt sich dann vielleicht ein Programm.« *Günter Ottemeier.*

»Mein erster Auftritt war in der Öder-Nummer. Der erste Teil davon stellte die Alternativen dar, wie sie damals waren – mit Latzhose auf irgendeinem Workshop im Hochsauerland: Erfahr dich selbst, sonst überfahren sie dich. Ich hab mich immer ein bißchen geschämt, wenn ich da oben war. Raustreten in dieses Licht – und dann wußte ich nur noch, jetzt müssen wir das auch zu Ende bringen, wir müssen es machen, wir können nicht einfach von der Bühne rennen. Ich habe viel zu leise geredet, einmal mußte ich auch ganz schrecklich lachen, mitten auf der Bühne, das würde ich mir heute nie verzeihen.« *Doro Egelhaaf*

»Wir hatten eigentlich eine gewisse Selbstsicherheit durch den Spielecircus. Ich dachte: Das ist ja erst mal ein Spaß, da sitzen viele Bekannte, und wir machen etwas Schönes. Wir nehmen auch nur sieben Mark Eintritt, da kann uns keiner hinterher irgendwie Regreßforderungen stellen. So waren wir drauf. Ich kann mich nicht erinnern, daß wir irgendwelche Angst gehabt haben.« *Jürgen Becker*

»Wie das erste Programm entstanden ist, da sind die Erinnerungen verschwommen. Wir hatten kein richtiges Konzept, viel Schiß und einen allgemeinen, aber eigentlich unbegründeten Optimismus. Den konnten wir uns wohl deshalb leisten, weil wir nicht den ganzen Abend in der Studiobühne allein machen wollten. So eineinhalb Stunden hatten wir gerechnet, könnte man unsere Sachen aushalten. Dann Pause mit Brötchen und Bier, danach »Laut und Lästig«, also Musik und Kabarett mit Bruno Schmitz und Didi Jünemann, die waren Profis, sollten hinterher die Leute wieder hochziehen, wenn unser Programm ›den Bach runter gehen‹ würde.«

Der Saal war voll, lauter Freunde und Freunde von Freunden. Natürlich hatte es nicht zu einer richtigen Generalprobe gereicht, auch die Band – sie hieß damals »The Dead Lambsdorffs« – war vorher gerade zwei Mal zusammen gekommen. Der kollektive Sprung ins kalte Wasser. Wir hatten zwei Nummern, in denen die Alternativszene auf den Arm genommen wurde, ein Bunkerlied, einen Sketch über Verkabelung, eine tolle Ge-

»Unheimlich politisch«
Thomas Pfaff hebt ab

schichte mit zwei Alten, die vor dem Fernseher Karneval feiern – könnte man heute noch spielen –, das Schunkelpotpourri und ein, dachten wir damals, unheimlich politisches Finale. Irgendwas mit einer Besetzung. Autonome kamen auch drin vor, die irgendwas gesprüht haben, und ein Polizist, der auf dem Kamel auf die Bühne wackelte. Zum Schluß ein Lied auf die Melodie vom »Buuredanz«. Leider paßte der Text nicht ganz, so daß man nichts verstanden hat, außer: Wenn am Chlodwigplatz der Mannschaftswagen brennt. Das hatte schon irgendwie politischen An-

spruch. Von ein paar Ausnahmen abgesehen eigentlich eine Katastrophe. Was passierte, hat uns total geplättet. Die waren begeistert. Zur Pause fielen uns tausend Leute um den Hals, wir hatten teilweise Tränen in den Augen, weil wir nicht so schnell begreifen konnten, was da abgegangen war. Nach der Pause dann der Schock.

»Laut und Lästig« kriegten kein Bein an die Erde. Es gab Zwischenrufe, die Stimmung war total kaputt, alle wollten, daß weiter Karneval gefeiert wurde. Es war grausam. Bruno und Didi waren am Ende völlig fertig, wollten die zweite Sitzung sofort absagen. Dann ist uns das einzig Richtige eingefallen: Wir haben die Stunksitzung mit »Laut und Lästig« gemischt. Das Ergebnis kann man in Didi Jünemanns Tagebuch nachlesen:

»All things are running – alle Dinge verändern sich. Der zweite Abend im Rahmen der Stunksitzung, der totale Wahnsinn: Wir sind diesmal voll ins Programm integriert und nicht mehr angeklebter Wurmfortsatz. Szenenap-

plaus, der einfach nicht aufhören will. Fünfzigtausend
Steine poltern mir vom Herzen auf den Bühnenboden,
zwei Tage total tief mit Zweifeln, mit Rasen, mit Fragen, sind im Augenblick weggefegt von begeistertem
und mich begeisterndem Jubel des Publikums.«

**Vom Zweifel zum
Wahnsinn**
Laut und Lästig

Schließlich haben wir dann sogar noch eine Woche
später eine dritte Sitzung nachgeschoben, wieder ausverkauft.

Es war – rückblickend betrachtet – wahrscheinlich
nicht in erster Linie das Programm, das den Erfolg
ausgemacht hat. Erstmal war das, was wir gemacht haben, wirklich etwas
Neues und es traf auf ein Publikum, zum größten Teil linke Szene, das im
politischen Alltag ziemlich gefrustet war. Die ganzen großen Friedensdemos, alles erfolglos. Man hatte sich verbissen, die einen in politische Diskussionen, Seminare, immer neue Aktionen. Andere stiegen gerade resi-
gniert aus der politischen Arbeit aus. Dieses widersprüchliche, zerrissene
Lebensgefühl, das weitgehend auch unser eigenes war, haben wir offenbar
genau getroffen. Im Elferrat saß das ganze bunte Spektrum an Typen dieser Zeit, Punker dazwischen, Autonome mit der Kappe, Hippies, im Publikum die Alternativen aller Farben, und alle zusammen merkten plötzlich:
So geht Politik auch, nicht als Redekabarett und Kopfveranstaltung, sondern mit unheimlich viel Lust am Feiern. Das war die große Entdeckung,
Politik, Feiern und Spaß haben sind keine Gegensätze. Damals entstand
diese besondere Stimmung, die bis heute lebendig ist auf der Bühne und
im Saal: Stunksitzung.

Geschafft
Finale 1984

Guck mal, die schunkeln!

Die Alternativen entdecken ein Urbedürfnis.

Viele Kölnerinnen und Kölner aus dem fortschrittlichen Lager haben erst über den Besuch der Stunksitzung gelernt, befreit zu schunkeln. Nicht, daß das von der Technik her besonders kompliziert wäre – man traute sich nicht. Der Kölner Psychologe Dr. Hermann Joseph Berk hat mit seinen grundlegenden Erkenntnissen diesen rheinischen Volkssport aus seiner spießbürgerlichen Ecke geholt: »Alles was der Jeck tut, tut das Kind im Mutterleib – es trinkt ununterbrochen, ist ständig am schunkeln und permanent am feiern«.

Als in der allerersten Stunksitzung Martina und Basti das Schunkelpotpourri anstimmten, das als Verarschung gemeint gewesen war – auch wenn die beiden mit Herzblut dabei waren –, und der ganze Saal zu schunkeln anfing, da standen wir alle an der Seite hinter dem Vorhang und haben gesagt: guck mal, guck mal, guck mal, die schunkeln! Wir waren absolut erstaunt, daß die Leute das mitmachten. Damals war das Schunkeln noch völlig verpönt, auch bei uns. In dieser ersten Stunksitzung überwog dann auch noch das »Anspruchsschunkeln«. Das war von den meisten als Parodie gemeint, man machte sich lustig über die Leute, die schunkeln, und erst dadurch machte es Spaß, das auch selbst zu tun. So ähnlich wie man heute sagt, Weihnachten kannst du nicht mehr ignorieren, du hast zwar kein christliches Empfinden, machst du dir eben irgendwie einen schönen Abend und kochst lecker.

Letzten Endes ist dieses Anspruchsschunkeln nicht die Lösung. Denn entweder man liebt Schunkeln und den Karneval und feiert, weil es Spaß macht, oder man läßt es.

Es ist unbestritten ein Verdienst der Stunksitzung, viele Menschen von der jahrelangen Unterdrückung ihres Schunkelbedürfnisses befreit zu haben. Wir alle haben Lust zu schunkeln, nur haben wir es jahrelang vor uns selbst und anderen nicht zugegeben. Heute ist man ja Gott sei Dank in der Szene freier geworden in diesen ganzen rheinischen Dingen. Das erleichtert vieles im Leben.

**Schunkeln bis
zur Ekstase**

Kartoffelsalat und Gruppendynamik
Wenn viele was sagen, aber keiner das Sagen hat.

Als die Stunksitzung anfing, waren dreißig Leute daran beteiligt. Ein Kollektiv mit dem Vorsatz, den Karneval hierarchiefrei zu bewältigen. Viele sind bis heute dem Projekt mehr oder weniger verbunden. Und diskutieren weiter: Erinnerungen an Freuden und Leiden der Gruppenarbeit.

Alternativen im und zum Kartoffelsalat
Andreas Jugenowski,
Brunhild Bautz, Ingrid Dörr

Es wurde in der ersten Zeit schrecklich uneffektiv gearbeitet. Technik, Organisation, Programm: Jedes Detail wurde leidenschaftlich kontrovers und ausgiebig besprochen. Arbeitsteilung wollten wir nicht, alle sollten alles machen können.

Eine unserer besonderen Höchstleistungen war der Streit über den Kartoffelsalat. Die Frage war: Was bieten wir unseren Gästen? Es sollte qualitativ hochwertig sein, also Vollwertkost, andererseits mußte es billig sein. Als Alternative wurde Kartoffelsalat aus der Metro vorgeschlagen, und schon ging es wieder los. »Wenn Kartoffelsalat aus der Metro, nehmen wir den guten mit Ei, nehmen wir Würstchen mit Phosphat oder was oder wie?« Richtig persönlich ist man dafür in den Ring gestiegen, bis an den Rand von Tränenausbrüchen. Oder das Putzen – eine hochideologische, brisante Frage. Wenn die einen sagten, »dieses Jahr wird endlich eine Putzkolonne bestellt, wir wollen nicht bis morgens sechs nach der Sitzung auch noch sauber machen«, standen die anderen auf und tobten:

»Seid ihr des Wahnsinns, wie könnt Ihr andere für euch putzen lassen?« Wie bei anderen Alternativgruppen wurden solche Auseinandersetzungen oft nicht sachlich, sondern sehr persönlich geführt – Kontroversen auszutragen ohne gegenseitige Verdächtigungen und Verletzungen, das ist uns schwer gefallen.

Trotzdem hätten wir die Stunksitzung ohne dieses ganze ideologische Brimborium nicht auf die Beine bekommen. Wir hatten eine Utopie im Kopf, und die war wichtig, um eine Arbeit zu machen, die letztlich auf Selbstausbeutung basierte. Denn ökonomisch war die Stunksitzung in den ersten Jahren uninteressant. Da braucht man ersatzweise Utopien, und so haben wir versucht, das, was wir politisch richtig und wichtig fanden, zu

Sketchen zu verarbeiten. Das allerdings war ungeheuer aufwendig, weil wir erst die Ideen im Kollektiv diskutiert haben, dann wurden die Nummern in großen Gruppen erarbeitet und am Ende wieder im Kollektiv fertiggemacht – manchmal im Wortsinn. Später wurde das dann vereinfacht, weil es zum einen immer mehr Solonummern oder Duos gab. Wir wußten nach einiger Zeit, wer mit wem gut zusammen konnte. Außerdem haben wir schon bei der Programmplanung besser auf die Mischung geachtet: Politik, Comedy, Karneval. Natürlich gab und gibt es immer lange Diskussionen über Nummern, die politisch in der Gruppe kontrovers beurteilt werden. Aber die heftigsten Auseinandersetzungen liefen wegen des Plakates zur Stunksitzung '88. Da hatten wir den Kopf des damaligen Innenministers Zimmermann auf das Foto von Uwe Barschel in der Badewanne geklebt – das empfanden einige bei uns als zu provozierend und menschenverachtend.

Die Staatsanwaltschaft sah das übrigens genauso und reagierte prompt (siehe Seite 163).

So wichtig die Stunksitzung war, in unseren Diskussionen war sie anfangs erstmal nicht mehr als ein Projekt. Im Mittelpunkt stand immer wieder unsere Zukunft als Gruppe. Viele von uns sind damals davon ausgegangen, wir säßen uns auch noch als Opas und Omas gegenüber. Wer weiß...

Bei diesen endlosen Perspektivdiskussionen an vielen Wochenenden – im Stall unseres Hauses in Immendorf, die Matratzen aufgebaut und gemeinsam übernachtet – ist das Gruppengefühl entstanden und gewachsen, ohne das die Stunksitzung nie hätte erfolgreich werden können.

Kartoffelsalat, die zweite: Plakat '88
Heute begehrtes Sammelobjekt

Schwarz, Rot, Bunt.
Wo stehen sie denn?

*V*on Beginn an sind die Stunksitzungs-Leute bei der Beurteilung ihrer Programme von vielen daran gemessen worden, ob sich dort das »richtige« politische Bewußtsein ausdrückte. Da blieben Enttäuschungen nicht aus, und Jahr für Jahr tauchte die Frage auf: Wo stehen sie denn?

Links von der DKP, Sympathien mit Hausbesetzern, Autonomen und Anarchos, Teil der Alternativbewegung: Sehr viel genauer hätten wir unseren politischen Standort am Anfang nicht definieren können. Es gab auch nicht viel zu streiten; seit der FH-Besetzung waren wir als Gruppe zusammen und hatten ein gemeinsames Lebensgefühl entwickelt. Es war leicht zu sagen, wogegen man war, das ging auf der Bühne dann eher agitprop-mäßig ab. Wir fanden uns jedenfalls ganz schön revolutionär, allerdings nicht alle.

Günter Ottemeier: »Ich hatte von Anfang an mehr ein Faible für Alltagskabarett. Beziehungsprobleme zum Beispiel haben mich viel mehr interessiert als ideologische Fragen. Natürlich fühlte ich mich irgendwie als Linker, aber ich wollte mit der Stunksitzung vor allem Spaß haben. Deshalb fiel es mir anfangs schwer, mich wohl zu fühlen, denn es wurde politisch ungeheuer geklotzt. Ich fand manche Sketche, in denen Radikalität zum Selbstzweck wurde, eigentlich nur pubertär.«

In den ersten Jahren war es für die meisten in der Gruppe sehr wichtig, wie die Stunksitzungen in der »Bewegung« ankamen – schließlich war der

Stunksitzung '88
Günter Ottemeier und
Angelika Pohlert

Stern in der Narrenkappe auf das Emblem der Stunksitzung nicht zufällig geraten. Deshalb war die Frage »Sind wir politisch genug?« auch lange ein Dauerbrenner in den internen Gesprächen. Immer wieder mal haben wir uns vorgenommen, Texte oder Bücher zu lesen, unser politisches Bewußtsein gemeinsam weiter zu entwickeln. Geklappt hat das nie so richtig.

Als nach der Premiere vor zwei Jahren Leute aus der Weißhausstraße kamen und uns fragten, »Wofür habt ihr den Stern überhaupt noch?«, hat das einige von uns unangenehm berührt. Waren wir – ohne es zu merken – unpolitisch geworden?

Richtig ist wohl, daß wir uns im Laufe der Zeit politisch auseinanderbewegt haben. Es gibt »die Gruppe« im engeren Sinne nicht mehr, wir arbeiten viel stärker in einzelnen Teams von Leuten, die sich mögen, gut miteinander arbeiten können, oft analog zu Freundschaften oder Wohngemeinschaften. Wir fühlen uns auch nicht mehr unter dem Zwang, daß alle alles toll finden müssen. Man kann heute laut sagen, wenn man einen Sketch doof findet.

Insofern ist die Stunksitzung politisch vielfältiger geworden, es gibt keine gemeinsame Botschaft mehr. Dafür haben einzelne mehr als früher die Möglichkeit, ihre Themen in ihrer Form auf die Bühne zu bringen – vorausgesetzt, die Nummer ist gut. Da passiert es dann, daß von der Aussage her radikale Nummern nicht ins Programm kommen, weil wir sie nicht professionell genug gemacht finden.

Es kommt eines hinzu: Vor ein paar Jahren war es mit den Feindbildern leichter. Es hat eine allgemeine Orientierungslosigkeit um sich gegriffen, Gut und Böse auseinander zu halten. Uns auf die richtige Seite zu stellen, fiel uns zu Anfang sehr viel leichter. Mittlerweile ist die Mauer weg, der Kommunismus zusammengebrochen, real existierenden Sozialismus gibt es auch nicht mehr – mit seiner DDR/DKP-Spielart hatten wir zwar nichts zu tun, wohl aber mit der Idee einer herrschaftsfreien Gesellschaft. Aber mit diesen Orientierungsschwierigkeiten stehen wir nicht allein, unserem Publikum geht es zum größten Teil genauso.

Kann die Frau überhaupt witzig sein?

Geschlechterkampf im Dialog.

Das Geilemann-Trio
Martina Klinke,
Martina Bajohr,
Dorothee Koof

Eine Frauenquote hat es in der Stunksitzung nie gegeben, aber gemessen an den Verhältnissen im deutschen Kabarett war der Frauenanteil in der Gruppe relativ hoch. Das sagt allerdings noch nichts über die realen Machtverhältnisse und die Qualität der Zusammenarbeit. Drei Gesprächsausschnitte belegen das:

Frau: Also wir Frauen waren eigentlich nie ein Problem, wir haben immer schön unsere Sachen gemacht, und die Männer haben immer solidarisch zu uns gestanden.

Mann: Bei uns waren natürlich die Strukturen, die auch sonst bestehen, ebenso wirksam. Wir haben ja nicht unter uns das Patriarchat abgeschafft.

Theoretisch vielleicht schon, aber in der praktischen ...

Die weiblichen Hysterien haben eben nicht aufgehört.

Deswegen hat man ja früher schon Frauen verbrannt. Na gut, man verbrennt sie heute nicht mehr.

26

Heute spielen sie Nebenrollen, damit sie ruhig sind.

Alles im Griff
Martina Klinke, Doro Egelhaaf, Doris Dietzold

Es gab vom Kopf her den Anspruch, das anders zu machen, aber es war viel Kampf, bestimmte Dinge durchzusetzen, d.h., Frauen herauszuholen aus Nebenrollen oder Beiwerk. Ich habe mich persönlich immer ziemlich stark für dieses Thema eingesetzt und inhaltlich viel dazu gemacht. Mir war das wichtig, Frauenunterdrückung, Frauenfragen und so weiter, die hab ich versucht durchzusetzen, diese Themen sind auch nicht abgelehnt worden. Das wurde von den Männern schon mitgetragen und als wichtig empfunden. Aber ich habe es für mich selbst immer als Anstrengung empfunden, mir eine Position zu erarbeiten, in der ich eben nicht nur im Hintergrund oder in einer Nebenrolle bin. Der Sprung mich zu trauen, ein Solo zu machen, war für mich ein Kraftakt, ein Kraftakt auch in bezug auf das Publikum: Eine Frau muß immer noch einen Zacken besser sein, es muß inhaltlich super scharf sein, sonst kommt es nicht gut.

Das stimmt voll und ganz. Ihr hattet größere Schwierigkeiten, Sachen durchzuboxen. Das Problem ist, wenn wir jetzt einmal nicht von irgendwelchen wissenschaftlichen Erkenntnissen ausgehen, sondern von Alltagserfahrungen, daß es weniger witzige Frauen gibt. Man muß sich eigentlich fragen: Kann die Frau überhaupt witzig sein? Im Ernst, das ist eine Tatsache – in unserer Gruppe ging es noch einigermaßen, aber wenn du das im normalen Alltag ansiehst, die Kabarettgruppen, die es gibt, da sind sehr wenige Frauen dabei, die witzig sind. Das ist einfach so, genauso wie man sagen kann, es gibt wenig Männer, die im Haushalt arbeiten, das ist genau dasselbe. Damit soll niemandem ein Vorwurf gemacht werden.

Wir Frauen: zwei rechts, drei links
Doro Egelhaaf, Doris Dietzold, Angelika Pohlert, Barbara Vogel, Petra Jansen (v.l.n.r.)

Sicher sind bei uns am Anfang die Männer viel besser rausgekommen als die Frauen, aber das hat sich inzwischen ein großes Stück verbessert. Da hat allerdings ziemlich viel Arbeit drin gesteckt, um diese Strukturen zu verändern. Heute sind wir Frauen doch genauso präsent und professionell wie die Männer der Stunksitzungsgruppe.

(Wolfgang Nitschke und *Martina Bajohr*)

Für mich hat sich bis jetzt nicht viel verändert. Ich finde, daß nach wie vor die Männer die lautesten sind und das meiste sagen. Woran das liegt? Das kann an mir liegen, daß ich mich nicht durchsetze. Es gibt immer wieder Punkte, da können wir wirklich brüllen, da könnten wir ein Megaphon nehmen und da setzt Mann immer noch eins drüber. Das hat sich für mich nicht verändert.

Bei uns in der Gruppe bestehen genauso die Probleme zwischen Männern und Frauen wie im alltäglichen Leben. Ich habe mir angewöhnt, über bestimmte Dinge einfach hinweg zu sehen. Wenn ich zum tausendsten Mal gegen einen Kollegen anreden muß, dann sage ich irgendwann, o.k., das ist geschenkt. Ich sage in einer halben Stunde noch einmal, was ich denke und ansonsten mache ich in dieser Gruppe das, was ich wirklich tun möchte. Die Auseinandersetzungen, die wir gruppendynamisch über dieses Problem geführt haben, die führen wir inzwischen nicht mehr. Mir persönlich ist es viel wichtiger, gute Nummern zu machen mit den Leuten, mit denen ich gerne arbeite.

Trotzdem: Ich will nicht, daß man nach außen sagt, bei der Stunksitzung läuft das ganz toll, die sind alle gleichberechtigt, und die Frauen setzen sich genauso durch wie die Männer. Das stimmt einfach nicht.

Nenn doch mal ein Beispiel, mich interessiert das ja schon, wo die Frauen unterdrückt werden.

Da macht ihr sofort wieder Kabarett draus.

Ich denke, wir sollten das Thema weiterführen, daß das Wichtigste am Karneval, das hat der Express richtig erkannt, zwischen Männern und Frauen ist: Neunzig Prozent wollen Sex, das wissen wir doch.

Von daher hat sich noch nichts entwickelt.

Weißt du das so genau?

In dem Buch hätten wir übrigens gerne eine Beziehungsstatistik der ganzen Stunksitzungsgruppe, wieviele Trennungen, wieviele Affären und so weiter.

(Doris Dietzold, Martina Klinke und Jürgen Becker)

Früher wurde immer gesagt: Wir müssen unbedingt einen Frauensketch machen, Frauenproblematik muß drin sein. Dann wurde dieses Thema irgendwie abgegrast und mehr oder weniger krampfhaft eine Nummer dazu gemacht, aber nie stand eine tolle Idee am Anfang, sondern mehr das Gefühl, Frauennummer ist ein Muß im Programm, also saugen wir uns etwas aus den Fingern.

Das stimmt nicht. Zum Beispiel bei der Nummer von Martina Bajohr über Gentechnologie (»Sie wichsen, wir mixen«, s. S. ...) haben wir Frauen alle zusammen gesessen und dieses Thema bearbeitet. Eine Frau hat es dann auf der Bühne gebracht, das war eine tolle Erfahrung. Übrigens muß man

in dem Zusammenhang auch mal über das Publikum
sprechen. Ich habe das Gefühl, was immer wir Frauen
auf der Bühne gemacht haben, wurde als frauenfeind-
lich empfunden, auch alle unsere Frauennummern. Da
konnte ein Mann stehen, der hatte sich gerade seinen
Schwanz abgeschnitten, da haben die immer noch ge-
sagt, das ist aber frauenfeindlich, denn die Wirklich-
keit ist doch anders. Ich glaube, der Anspruch des Pu-
blikums an gleichberechtigtes Kabarett oder Karne-
val, der ist so dermaßen hoch, das können wir Frauen
überhaupt nicht leisten.

»Na und?«
Doro fönt Günter

Das stimmt. Man hat manchmal den Eindruck – nicht
nur bei der Frauenfrage – daß die Leute bei uns ihren
ganzen Frust abladen über die Dinge, die sie selbst ge-
sellschaftlich nicht mehr mitkriegen und gedanklich nicht auf die Reihe
bringen. Da sollen wir dann plötzlich als Alternativ-Millowitsche bei ihnen mal eben schnell das Weltbild zurecht rücken, innerhalb von vier
Stunden. Solche Erwartungen gibt es, da muß dann eben politisch alles
stimmen, da muß auch die Frauenfrage geklärt werden. Die Leute sollten
wissen, daß wir nicht diejenigen sind, die sagen, wo es lang geht. Wir können mit der Stunksitzung etwas machen, was Spaß bringt, wir können
auch unsere eigenen Widersprüche auf die Bühne bringen, aber mehr
nicht.
(Günter Ottemeier, Doro Egelhaaf und Basti Körber)

**Geschlechterkampf
ohne Dialog**
Barbara Vogel und
Michael Friederichs,
1987

29

Ohne Dilettanten geht es nicht.
Vom Projekt zum Produkt.

Jürgen Becker hat als Kleinkünstler Karriere gemacht, Heiner Kämmer und Wolfgang Nitschke sind ganzjährig im »Dreigestirn Köln 1« (mit Wilfried Schmickler) auf der Bühne präsent, auch Martina Klinke und Martina Bajohr treten nicht nur im Karneval auf. Aus vielen der Gelegenheits-Karnevalisten von 1984 sind mittlerweile Profis geworden. Das hat die Stunksitzung und die Bedingungen, unter denen sie zustandekommt, erheblich verändert.

Als wir mit der ersten Stunksitzung 1984 auf der Bühne standen, waren die Voraussetzungen bei allen Beteiligten gleich. Keine(r) hatte Schauspielerei gelernt, keine(r) Erfahrung mit Kabarett, ein paar hatten als Kinder und Jugendliche im Karneval ab und zu mal ein Liedchen gesungen. Wir waren Dilettanten, und das hat uns nicht gestört, weil unsere Gruppe nicht mit dem Ziel entstanden war, Theater zu spielen.

Diese Atmosphäre der Unbefangenheit hat ungefähr drei Jahre angehalten, in denen sich unterschiedliche Fähigkeiten der Bühnenpräsenz entwickelt haben, ohne besonders wichtig genommen zu werden, auch wenn die Ver-

Die Moskauer Staatsfunken
Stunksitzung '89

»Das alles und noch viel mehr...«
Stunksitzung '88

teilungskämpfe um gerechte Rollenaufteilung angesichts einer Gruppe von zwanzig und mehr Leuten teilweise ziemlich verbissen geführt wurden. Dabei ging es aber weniger um das »wer kann was?«, sondern um Ausgewogenheit der Bühnenauftritte. Erst als 1987 die Mitglieder des Spielecircus pausierten, um ein neues Programm zu entwickeln, begannen sich die Kriterien zu verschieben. Plötzlich wurde die Stunksitzung auch von Leuten gemacht, die nicht mehr die gemeinsame Gruppenerfahrung verband. Seitdem sind die Fragen schauspielerischer Qualität bei der Erarbeitung der Programme immer stärker in den Mittelpunkt gerückt.

Die alten Gruppenstrukturen haben sich aufgelöst. Wir kommen aus ganz vielen unterschiedlichen Arbeits- und Lebenszusammenhängen, um die Stunksitzung vorzubereiten. Die einen leben noch immer in einer Wohngemeinschaft, andere in ihrer Beziehung, haben Kinder, die früher alltäglichen Verbindungen untereinander haben sich gelockert, es gibt auch keine kontinuierliche politische Diskussion. Nicht zu vergessen: Die Möglichkeit, sich gegenseitig anzuregen und zu befruchten, ist nach acht Jahren teilweise erschöpft. Die Luft ist ein bißchen raus, so ist es nur logisch, daß die Stunksitzung immer mehr ein Produkt einzelner wird, die sich für die Karnevalszeit zu einem Ensemble zusammentun. Eines kommt hinzu: Das Publikum verlangt Jahr für Jahr mehr. Was wir vor sechs Jahren gespielt haben, könnte heute kaum noch bestehen. So hat sich im Laufe der Zeit ein Professionalisierungsdruck entwickelt, der zunehmend stärker wird. Inzwischen arbeiten wir mit Regisseur, lassen die Massenszenen choreografieren, bauen immer aufwendigere Bühnenbilder, stellen, wenn es sein muß, einen Hubwagen auf die Bühne. Dabei hat sich fast zwangsläufig ein Konflikt entwickelt: Während die meisten Stunksitzer Kabarett und Schauspielerei mehr oder weniger zu ihrem Beruf gemacht haben, sind andere nach wie vor Amateure geblieben und verdienen ihr Geld woanders. Das bringt Reibungen.

Die »Profis« stellen ständig höhere Ansprüche an sich und das Programm, können mehr Zeit investieren, gehen relativ perfektionistisch an die Sache 'ran. Die Stunksitzung ist für sie eine wichtige Visitenkarte. Die »Nichtprofis« müssen ungeheuer jonglieren mit ihrer Zeit, um in der Probenphase dabei sein zu können, schauspielerisch können sie sich nur begrenzt entwickeln. Wir haben angefangen zu lernen, damit ohne Gruppenstreß umzugehen, indem gleich große Rollen für alle nicht mehr das A und O sind, sondern jeder und jede nach seinen Möglichkeiten eingesetzt werden soll. Stunksitzung als reines Profiprodukt: Das will niemand bei uns. Viele Ideen und Anregungen bei der Konzeption und Entwicklung kommen gerade von denen, die mit ihrer Arbeit noch in »normalen« Berufen stecken. Und es spricht eine Menge dafür, daß das Publikum dankbar ist, daß die Stunksitzung eben auch ihre kleinen Brüche und Holprigkeiten hat, professionelle Glätte wäre eher eine Gefahr.

Wenn wir es nicht schaffen, in dieser vielschichtigen Mischung aus Profis, Halbprofis und Dilettanten zusammen zu bleiben, würde die Stunksitzung viel von ihrer Lebendigkeit einbüßen, es bliebe dann vielleicht immer noch eine gute Karnevalsshow, aber die Seele dessen, was diese Sitzung ausmacht, würde langsam verloren gehen.

Keiner verläßt den Saal.

Die Stunksitzung und ihr Publikum.

*J*edes Jahr dasselbe Spiel: kaum hat der Vorverkauf für die Stunksitzung begonnen, sind die ersten Termine schon ausverkauft. Ob wie am Anfang sieben Mark oder, wie mittlerweile, knapp 20 Mark für eine Karte hingelegt werden müssen, für die Abendkasse bleibt meistens nur ein kleiner Rest übrig. Schließlich sind viereinhalb Stunden Stunksitzung immer noch wesentlich billiger als ein Abend im Gürzenich, vom fehlenden Weinzwang ganz abgesehen.

Wer geht zur Stunksitzung? Früher war das ganz einfach: Wir waren ungefähr dreißig Leute, jeder und jede hatte einen Haufen Freunde und Bekannte, machte 1984 bei den ersten drei Sitzungen rund 900 BesucherInnen. Wir spielten für uns und unseresgleichen, die Szene. Dann haben einige ihre Eltern eingeladen, die kamen auch meistens, mußten ein paarmal schlukken, aber dann haben sie es ausgehalten, waren vielleicht auch teilweise stolz – und haben beim

Besuch aus Lippstadt
Günter Ottemeier

nächsten Mal ihre Bekannten mitgebracht. Mittlerweile ist es gar nicht mehr so selten, daß auch Ältere im Publikum sitzen.

Wir haben dann Jahr für Jahr mehr Sitzungen gemacht, und es kamen auch immer mehr Leute. In den ersten zwei Jahren dominierte noch klar das alternative Spektrum, danach kamen Studentinnen und Studenten dazu, die Stunksitzung war zu dieser Zeit immer noch ein Geheimtip, weil die Kölner Zeitungen uns kaum zur Kenntnis nahmen. In den letzten zwei Jahren hat sich das geändert, das Publikum ist viel breiter geworden, wir sind tief ins »bürgerliche« Lager eingebrochen. Heute kommen Leute zu uns, die

Die beste Vorverkaufs-stelle Kölns
Bettina Gärtner hat ein Herz für alle. Auch für die, die keine Karten mehr bekommen.

Wolln mer se rin losse?
Einlaß mit Ute Neuhalfen und Nika Comotius

für den Gürzenich oder die »Lachende Sporthalle« keine Karten mehr bekommen haben, aber auch diejenigen, die sich im normalen Karneval langweilen. Und es kommen BesucherInnen von außerhalb: aus dem Sauerland, vom Niederrhein, die gehört haben, daß in der Stunksitzung eine tolle Atmosphäre ist. Schließlich haben wir das Gefühl, daß trotz mancher Kritik auch die Szene jedes Jahr wiederkommt.

Natürlich hat sich die Stunksitzung mit dem Publikum verändert. Es macht einen Unterschied, ob man für tausend oder zwanzigtausend spielt. Es hat allerdings nie Diskussionen oder gar den Vorsatz gegeben, die Stunksitzung harmloser oder stärker showorientiert weiter zu entwickeln, um im nächsten Jahr noch mehr Termine füllen zu können. Wir haben unser Programm nie mit Blick auf Massenerfolg gemacht, jedenfalls nicht vom Inhalt her – von der Form, vom eigenen professionellen Anspruch her, wollten wir natürlich immer besser werden. Letzten Endes ist es wohl diese ganz besondere Mischung aus Karneval, Kabarett, Show, Nonsens und Musik, die diese besondere Stunksitzungsatmosphäre schafft, von der uns viele immer wieder erzählen, daß sie anderswo im Karneval nicht zu finden ist. Dazu trägt das Stunksitzungspublikum selber eine Menge bei: Wer einmal im Gürzenich gesessen und erlebt hat, wie dort die Besucher die Leute auf der Bühne regelrecht verhungern lassen, weiß, wovon die Rede ist.

Diese totale Bereitschaft unseres Publikums, sich zu amüsieren, hat aber auch einen Haken: Die leiseren, nachdenklicheren Nummern haben es im-

Tische weg und ab geht die Post
Nach der Stunksitzung in der Comedia Colonia 1987

mer schwerer im Programm. Manchmal zittern wir auf oder hinter der Bühne bei dem Gedanken, daß sich der Saal selbständig machen könnte, dieser Balanceakt zwischen guter Laune und Grölstimmung wird, je größer unser Publikum wird, immer schwieriger.

Ein tolles Ding.
Eine persönliche Bilanz nach sechs Jahren.

Wolfgang Nitschke:
»Bei mir ist Stunksitzung die Basis für das, was ich heute mache, also für ›Dreigestirn Köln 1‹, auch für die Prunksitzunk. Ohne die Stunksitzung wäre das alles gar nicht denkbar. Ich konnte sieben Jahre lang dreist üben, und jetzt mache ich mit anderen zusammen ein eigenes Kabarettprogramm. Die beruflichen Möglichkeiten für einen Kabarettisten sind gut, zumal in Köln mit dem WDR ein Riesenvorteil existiert.«

Heiner Kämmer:

»Wer weiß, wo mein beruflicher Weg ohne Stunksitzung hingegangen wäre. Heute bringt mir die Stunksitzung Aufträge, ich werde bekannter von Jahr zu Jahr. Neben der beruflichen Perspektive ist mir das persönliche Wohlbefinden in einer Stadt wichtig, in der ich nicht aufgewachsen bin. Durch die Stunksitzung habe ich Kontakt mit sehr vielen Leuten bekommen und meinen Lebensbereich erweitert, habe die Stadt kennengelernt und bin gerne in Köln.«

Günter Ottemeier:
»Manchmal denke ich: Gott, wir sind eigentlich der letzte Chaoshaufen. Wenn ich dann aber andere Gruppen betrachte, die ähnlich arbeiten, finde ich uns fantastisch. Was wir uns erarbeitet haben, und das auch nach sieben Jahren immer noch ohne Chef, ist einfach genial. Für mich heißt Stunksitzung mittlerweile, in meinem Beruf einen Namen zu kriegen. Sie bringt mir in meinem Metier Vorteile, ich bekomme leichter einen Job, und außerdem ist Stunksitzung das einzige, was ich kontinuierlich mache. Und es ist ein gutes Gefühl zu sagen, ich mache jedes Jahr zu Karneval Stunksitzung, nicht irgendeine Karnevalssitzung, sondern die Stunksitzung, die jeder kennt, zumindest in Köln.«

Doro Egelhaaf:
»Stunksitzung ist etwas, da klebe ich dran, das ist das einzige Mal im Jahr, wo ich so eine Art von Arbeit mache. Ich finde den Versuch genial, in einer Gruppe inhaltlich politisch zu arbeiten und dann nach außen auf der Bühne zu wirken. Bei der Stunksitzung kann ich einmal im Jahr viel von dem ausprobieren, was früher für mich wichtig war, in einem sehr schönen Rahmen. Und für mich braucht es dieses ganze professionelle Zeug nicht. Für mich zählt das Einmalige. Und das jedes Jahr wieder.«

Basti Körber:

»Die Stunksitzung ist ein kontinuierlicher Faktor im Jahresrhythmus, an dem ich gerne beteiligt bin. Das muß gar nicht immer auf der Bühne sein. Ich freue mich auch, wenn ich über andere Zusammenhänge, beispielsweise über den Bierverkauf, beteiligt bin. Das ist mir so ans Herz gewachsen, unter anderem sicher deshalb, weil ich mich selbst dort weiterentwickelt habe.«

Jürgen Becker:

»Ich bin froh, daß ich so eine Bühne hatte, wo man einfach üben konnte, ohne daß es große Schwierigkeiten gegeben hätte. Man lernt unheimlich viel dabei. Es gibt ja keinen Karnevalspräsidenten in Köln, der so viele Sitzungen machen konnte wie ich. Das muß man auch mal sehen. Das ist ganz einfach ein Glücksfall.

Durch die Stunksitzung habe ich nicht nur die Beziehung gewechselt, sondern auch den Beruf. Ich erwähne das hier, weil man ehrlicherweise sagen muß, daß Stunksitzung auch viel Chaos in die diversen Beziehungen gebracht hat. Meine ist deshalb auseinander gegangen, weil ich keine Zeit mehr dafür hatte. Bei der Sitzung in der Comedia Colonia habe ich wahnsinnig reingehauen, ich hatte jeden Abend Termine, weil wir nur elf Leute waren. Da ging es ums Ganze und ich dachte, wenn wir jetzt hier Schiffbruch erleiden, dann sehen wir aber alt aus. Deswegen habe ich da so reingeknallt ohne Rücksicht auf Verluste – und dann war es denn auch passiert.

Für mich wurde die Stunksitzung eminent wichtig. Mit viel Begeisterung können wir viel verändern in dieser Stadt im Karneval. Wer hat schon das Gefühl, etwas auf die Beine gestellt zu haben, was es vorher noch nicht gegeben hat und wo alle hinwollen. Wir brauchen uns keine Sorgen zu machen, daß die Karten gekauft werden. Wir haben jedes Jahr diesen Riesenspaß. Die Stunksitzung wird gemacht von Leuten, die sich zum Teil mögen, zum Teil weniger, weil die Gruppe sehr unterschiedlich ist. Aber wir sind ein wunderbarer Haufen.«

Martina Klinke:

»Ich kann die Stunksitzung immer nur im Zusammenhang mit dem Kölner Spielecircus sehen, weil das für mich – bis vor eineinhalb Jahren – eine geschlossene Einheit war, die mir den Weg auf die Bühne geebnet hat. Das hat – weg von dem Sozialpädagogentum, hin zum Bühnenmenschen – mein ganzes Leben verändert. Faszinierend ist, daß ich mit meinen noch nicht dreißig Jahren jetzt schon das Gefühl habe, daß ich einen Teil meines Lebens als zufriedenstellend betrachten kann.«

Didi Jünemann:

»Ich mag die Gruppe und auch das Arbeiten in der Gruppe. Mein Einstieg ins Kollektiv war die Sitzung in der Comedia Colonia. Ich habe das toll gefunden, diese wirklich vollen vierundzwanzig Stunden Leben. Das ist einfach schön, gemeinsam an irgendetwas zu ziehen, weil man weiß, man hat Erfolg. Das ist viel Arbeit und viel Streß, und nachher kommt auch nicht viel Geld bei raus, aber man hat Erfolg. Ein tolles Ding.«

Doris Dietzold:

»Beruflich habe ich ja nichts aus der Stunksitzungserfahrung gemacht. Aber: Seit zweieinhalb Jahren habe ich einen festen Job, und da merke ich, daß es für mich keine Probleme mit Teamarbeit gibt. Mit mehreren etwas zu machen, das klappt wunderbar und ist wirklich ein Resultat von acht Jahren Gruppenarbeit, acht Jahren Auseinandersetzung.«

Vor dem Sprung auf die schäl Sick.

Ein Ausblick.

Nach sechs erfolgreichen Jahren steht die Stunksitzung zu Beginn der Session '91 vor einer entscheidenden Weichenstellung. Die Mehrheit hat sich dafür entschieden, die Studiobühne als Spielort aufzugeben und nach Mülheim umzuziehen, in den großen Saal der Halle, die mit BAP-Geldern dort gebaut wird. Dann werden bis zu tausend Leute eine Vorstellung sehen können.

Die Entscheidung war nicht unumstritten. Zwar hatte es an der Studiobühne Schwierigkeiten mit dem rechten AStA gegeben, das erschwerte die Zusammenarbeit. Aber ob deshalb der Rahmen gleich so drastisch hätte vergrößert werden sollen, haben manche bezweifelt in der Befürchtung, die Atmosphäre könne Schaden nehmen. Denn ganz sicher hatte die Stunksitzungsstimmung auch mit dem engen Raum, der kurzen Distanz zwischen Bühne und Publikum zu tun. Diese Intimität der Studiobühne ließ den Funken zwischen Akteuren und Zuschauern besonders leicht hin und her springen.

Sprengung der Severinsbrücke
Stunksitzung '90

Dagegen standen – neben den AStA-Querelen – der immer wiederkehrende Frust mit den zu knappen Eintrittskarten und die Enge auf und hinter der Bühne. Mehr verdienen wird man wegen der höheren Kosten im neuen Saal zwar kaum, aber die verbesserten räumlichen Möglichkeiten versprechen eine noch bessere Show.

»Ich würde die Stunksitzung am liebsten nur so machen, wie wir sie früher hatten. Daß wir inzwischen doch eine Trennungslinie zwischen ›Künstlern‹ und den ›Anderen‹ haben, verkrafte ich ebensowenig wie die Aussagen, daß unser Programm flacher geworden sei. Zudem habe ich Horror beim Gedanken an die neuen Räume in Mülheim, den kommerziellen Vergnügungspalast, in dem wir dann auftreten. Die Leute kommen dann vielleicht nicht mehr zum Feiern. Zudem müssen wir uns an genaue Zeiten halten, weil beispielsweise an Wochenenden ab 23 Uhr die dortige Disco startet – wir müssen also entgegen unseren Gewohnheiten pünktlich sein. Auf der anderen Seite tröste ich mich mit dem Gedanken, daß ich bislang vor jedem neuen Stunksitzungsjahr Angst und Bedenken vor neuen Entwicklungen hatte und doch bin ich immer noch dabei.« Doro Egelhaaf spitzt mit dieser Aussage zu, was einigen aus der Gruppe durch die Köpfe geht.

Die Ängste vor den Veränderungen sind wohl auch deshalb so groß, weil sich mit ihnen auch die Furcht vor einem weiteren Zerbröseln der Stunksitzungs-Gruppe verbindet. Denn so sehr sie sich auch privat auseinandergelebt haben und die Gruppe heute auch eher eine Zweckgemeinschaft ist, schwebt doch der Geist der Anfangszeit immer noch über ihnen. Demokratische Entscheidungsformen sind bewahrt worden, einen Chef gibt es immer noch nicht. Zudem hat die Stunksitzung offenbar im Kölner Karneval tatsächlich etwas in Bewegung gebracht, wie Jürgen Becker bilanziert: »Wir stehen am Anfang einer interessanten Phase, werden wir doch nicht nur von weiten Teilen der Öffentlichkeit, sondern auch vom offiziellen Karneval zur Kenntnis genommen. Auch wenn bei uns die Meinungen zu dieser Entwicklung auseinandergehen, glaube ich doch, daß die jetzige Entwicklung gut ist. Wir sind, ob wir wollen oder nicht, Teil des Karnevals, und der hat wiederum etwas mit dem Zustand der Stadt zu tun, und der ist mir persönlich nicht egal. Wir mischen mit, und das finde ich spannend.«

Von den »Dead Lambsdorffs« bis »Köbes Underground«.

Die Musik in der Stunksitzung.

Die technische Ausrüstung war mickrig, das Repertoire mager, aber die Stimmung gut: Volker Klinke und Winfried Rau, die schon am 26. Februar 1984 dabei waren, erinnern sich an die erste Stunksitzung mit einer Mischung aus Schauder und anhaltender Verwunderung. In wenigen Stunden Proben hatten sich »The Dead Lambsdorffs« zusammengefunden, ein paar Musiker – keiner von ihnen ein Profi –, die in ihrer für die Stunksitzung vorgesehenen Besetzung vorher nie gespielt hatten. Vorgaben gab es keine, für längeres Nachdenken darüber, wie denn ein Musikprogramm für eine alternative Karnevalsveranstaltung auszusehen hätte, fehlte die Zeit.

Schunkeln sollte sein und darüber hinaus irgendwie für gute Laune gesorgt werden. Schließlich waren sich diejenigen, die das Bühnengeschehen planten, nicht sicher, ob sie das Publikum erfolgreich für sich gewinnen könnten.

Aus den »Dead Lambsdorffs« wurden später »Schwester Christa und die Brinkmänner«, »Elmar goes to Lüdenscheid«, schließlich und bis heute »Köbes Underground«, womit der Name der Band in kongenialer Weise den Titel der Veranstaltung variiert, auf der sie die Musik macht. Dem Köbes für den Gemüts- und Karnevalsbereich steht das Aufruhr und Bewegung versprechende »Underground« zur Seite.

»Elmar goes to Lüdenscheid«
u.a. mit Annette Höffer an der Gitarre (links)

Mit dem Namenswechsel ist auch eine Entwicklung markiert: Die Köbesse sind nicht Dienstleistungsunternehmen für die Leute auf der Bühne, sie sind gleichberechtigter Teil der Show geworden. Und wenn dem Ensemble der Stunksitzung das Verdienst gebührt, frischen Wind in den Kölner Sitzungskarneval geblasen zu haben, dürfen sich die Musiker mit ausgezeichnet fühlen. Wer jemals die erbärmliche Rolle der im Sartory oder Gürzenich auftretenden Kapellen erlebt hat, die allenfalls bei ein paar Auf- und Abmärschen ihrer musikalischen Phantasie freien Lauf lassen dürfen und ansonsten lediglich die oft nicht stimmfesten Vortragskünstler begleiten und den Pflichttusch bringen müssen, wird dem nicht widersprechen.

Dabei ist »Köbes Underground« sicherlich keine Avantgardegruppe. Bei den Stücken, die sie für die Stunksitzung vom späten Sommer an zusammensuchen, gehen die Musiker eher auf der sicheren Seite. Das Publikum soll unterhalten werden, deshalb ist die Risikobereitschaft begrenzt. Nummern, die den direkten Weg in Bauch und Beine gehen, eignen sich da am besten. Die Mischung hat Platz für ein paar Stücke aus dem möglichst bekannten, internationalen Pop-Musik-Repertoire, dazu kommen ein bißchen Schlager-Nostalgie, eine Portion Karneval und ein paar Exoten. Die Vorschläge für das jeweils nächste Programm werden gemeinsam diskutiert, die Möglichkeiten neuer Arrangements abgeklopft, die dem Bekannten eine köbesspezifische Färbung geben sollen: ein Augenzwinkern, ein Schuß Ironie, Parodie oder Verfremdung. Das Ganze aber bitteschön so, daß die Power der mit vier Bläsern, zwei Gitarren, einem Baß, Schlagzeug, Perkussion und Keybord üppig instrumentierten Band optimal zum Tragen kommen kann. Da wird lange gesucht und gesichtet, gebastelt und geprobt, bis jedes Stück seinen eigenen Pfiff gefunden hat.

Auf diesen langwierigen Prozeß lassen sich neun Mitspieler und eine Mitspielerin ein, die in ihrem musikalischen Hintergrund, im Grad ihrer Professionalität und in ihren musikalischen Vorlieben durchaus unterschiedlich sind. Da einige Köbesse nicht in Köln wohnen und arbeiten, gerät der Probenplan regelmäßig zum komplizierten Terminpuzzle. Die Erarbeitung des eigenen Repertoires ist ja nur die halbe Miete – außerdem müssen etliche Stücke für das Bühnenprogramm entwickelt, mit den Akteuren geprobt und notfalls in letzter Minute verändert werden.

Die Zweigleisigkeit der Vorbereitungsarbeit – hier die Bühnenleute, da die Musiker – zu überwinden, um mehr als bisher möglich die Stunksitzung als integriertes Programm zu planen, das nehmen sich alle Beteiligten Jahr für Jahr aufs Neue vor. Dabei bleibt es wohl bis auf weiteres. Da findet ein Alternativprojekt, an dem mehr als dreißig Menschen mit großem Input an Zeit und mäßigem Output an finanziellem Ertrag arbeiten, seine Grenzen. An denen bleibt auch immer wieder der Plan hängen, sich öfter mal mit musikalischen Eigenkompositionen vors Publikum zu wagen.

Dem Spaß beim Zuschauen und Zuhören tut das keinen Abbruch. Wenn kurz nach acht das Licht ausgeht und die bunt befrackten Gestalten ihren

Platz an den Instrumenten einnehmen, freut sich der Saal auch auf »Köbes Underground«. Ob neu arrangierte Ohrwürmer, *straight* gespielte Tanzmusik, Bläck-Fööss-Töne im Punk- oder Countrylook, Saxophon-Soli, gekonnte Trommelfeuer auf Volker Klinkes Schießbude oder der Sunny-Boy-Charme des Sängers Eckhard Pieper: Man hat vom ersten Song bis zur letzten Zugabe weit nach Mitternacht das Gefühl, daß die Köbesse Spaß haben, bei dem, was sie tun. Dieser Spaß, die enorme Bühnenpräsenz und – last but not least – das musikalische Können, machen den Stoff, aus dem ein wesentlicher Teil der guten Laune besteht, die die Stunksitzung auch dann noch verbreitet, wenn sich das Bühnenprogramm kurzzeitig einmal nicht in Bestform präsentiert. Stimmungstief? Da ist »Köbes Underground« vor. Und das nicht nur zum Karneval: Die Gruppe bereichert das Kölner Musikleben inzwischen ganzjährig – ebenfalls mit großem Erfolg.

Köbes Underground
Das Auge hört mit

...ein wesentlicher Teil der guten Laune

Prunksitzunk.
Die Alternative braucht Alternativen.

Die Stunksitzung konnte ich noch nie leiden«, sagt Wilfried Schmickler, aber der ist aus Leverkusen und hat sowieso etwas gegen Kölner. Die sind ihm unheimlich, weil sie allzeit schunkelbereit sind. In einen Saal gehen und vor Begeisterung auf die Tische steigen, bevor überhaupt was passiert ist. »Da könntest du im Dreivierteltakt singen: Ihr seid ja alle beknackt, Ihr habt sie doch nicht alle, das wäre denen egal, Hauptsache die hören den Dreiviertel und schunkeln.«

Inzwischen macht der Kabarettist (»Matsche, Wörks und Pullrich«) Karneval in Köln, Schunkeln inklusive. Mit von der Partie sind unter anderem Rich Schwab (Ex-Schröder-Road-Show) als Generalmusikdirektor und Gabi Köster, der die kölsche Traumkarriere von der Kneipenbedienung zur Karnevalspräsidentin in neuer Weltrekordzeit gelungen ist. Zusammengebracht wurde die neue Crew von Heiner Kämmer und Wolfgang Nitschke, die nach fünf Jahren Studiobühne testen wollten, ob es ein Leben nach der Stunksitzung gibt. Im alten Kollegenkreis war es ihnen ein bißchen langweilig geworden, man kannte sich zu gut, Diskussionen waren in ihren Pros und Kontras berechenbar geworden. Da wuchs der Reiz, etwas Neues

Dem Publikum in gewisser Weise voraus
Prunksitzunk 1990

auszuprobieren. »Härter, schwärzer, radikaler« als die Stunksitzung, in der, so sieht es Wolfgang Nitschke, »zu wenig kabarettistische Elemente drin waren. Natürlich waren diese Comedy-Sachen genauso wesentlich fürs Programm, aber an Schärfe hat die Stunksitzung meines Erachtens verloren.

Die Leute auf der Bühne müssen ihrem Publikum in gewisser Weise voraus sein. Wenn die auf der Bühne aber nur die Widerspiegelung dessen sind, was an Trieftränen unten sitzt, ist das auf Dauer langweilig. Auch politisch. Es gibt ja immer noch Sachen, wo du sagen mußt, ich scheiß auf alles, mir ist egal, was Ihr denkt, ich diskutiere nicht über das Ausmaß der Blödheit des Kanzlers, der Kanzler muß prinzipiell weg, fertig! Solche Gedanken sind in der Stunksitzung überhaupt nicht da.«

Im Mai '89 hatten Nitschke und Kämmer angefangen, Partnerinnen und Partner für ihre Sitzung zu suchen. Im Herbst hatten sie ihr Dutzend zusammen – neue Leute, alte Probleme, denn Basisdemokratie ist schön, macht aber viel Arbeit. Diskussionen, endlos. Kabarett oder Karneval? Rich Schwab: »Ich mache da keinen Unterschied. Ich will nur rumblödeln und ich will, daß die Leute vom Stuhl fallen vor Lachen, ob die das Kabarett oder Karneval oder Foolstheater nennen, das ist mir wurscht.« Und der Anspruch, härter zu sein als die Stunksitzung? Wolfgang Nitschke: »Man muß das Publikum auch mal irritieren, im Unklaren lassen, was jetzt auf der Bühne passiert, ein bißchen vor den Kopf stoßen«. Und die Karnevalsstimmung? Wilfried Schmickler: »Mein Ziel ist es nicht, ewig Hochstimmung zu halten, die Stimmungslinie kann ruhig rauf und runter gehen – mal gedrückt und dann was zum Ablachen, damit kann man doch leben«.

Am Ende stand dann die Idee von einem kabarettistisch-karnevalistischen Gesamtkunstwerk. Anders als bei der Stunksitzung sollte sich nicht einfach die Abfolge von Nummern und Musiktiteln, angeheizt durch permanente Animation eines ewig fröhlichen Elferrats, zu guter Stimmung addieren. Die neue Sitzung sollte die Rollen neu verteilen: ein Elferrat, der genau wie die Musik ins Programm integriert ist, der Kapellmeister als kongenialer Widerpart der Sitzungspräsidentin.

Dazu wurde mit großem Aufwand ein Bühnenbild gebaut, in dem der Elferrat Einzelkabinen und somit Möglichkeiten zugewiesen bekam, immer wieder in die Show einzugreifen.

Derweil war im potentiellen Publikum des alternativen Karnevals Unruhe ausgebrochen, die Kunde von der Spaltung der Stunksitzungsgruppe ließ die Gerüchte wuchern. Persönliche Kräche, politische Differenzen, Ärger ums Geld wurden als Ursachen vermutet. Und während die einen noch Wetten annahmen, daß eine zweite Alternativsitzung keine Chance hätte in Köln, spekulierten andere darüber, wo wohl das bessere Programm zu erwarten sei.

Dann luden sie gemeinsam zur Weihnachtsfeier, die »Stunksitzung« und die »widerlichen Prunkbüggel von 1989« mit ihrer »Prunksitzunk«. Zu den Klängen von »Tochter Zion« strömte die Szene am 23. Dezember 1989 ins Stollwerck und konnte live miterleben, daß aus dem neuen Projekt mehr werden würde als eine Stunksitzung für Arme. »Hey Mr. Trabimann, willst du ne Banane« war der Höhepunkt einer Nummer zur gerade ausgebrochenen deutsch-deutschen Besoffenheit, und daß es schwärzer geht als auf der Stunksitzung, bewies der Blick ins weihnachtliche Wohnzimmer bei Maria und Josef, die ihr Jesusbaby mit Schmusekreuz und Minidornenkrone beschenkten.

Rückenwind jedenfalls für die letzten Probewochen der »Prunksitzunk«, die dann allerdings doch nicht reichten, das anspruchsvolle Konzept schon beim ersten Mal ganz ins Ziel zu bringen. Nicht alle geplanten Nummern wurden fertig, die Probleme von Technik und Organisation konkurrierten mit dem Ehrgeiz, das Gesamtkunstwerk in seinen Details auszufeilen. Da half dann nur noch der Griff in die künstlerische Vorratskiste, aus der Rich Schwab noch ein paar liegengebliebene Musikstücke und die Kabarettisten noch eine Handvoll wenig gespielter Nummern kramten.

Dem Erfolg konnte das nichts anhaben, elfmal fast ausverkauft ging der Stollwerckkarneval über die Bretter – erkennbar anders als in der Studiobühne. Es waren keine Abende der permanenten Hochstimmung, harte Satire wechselte mit Klamauk, die Musik verstand sich als Teil des Programms, entsprechend wenig war sie auf Gefälligkeit aus und provozierte mit schrägen Tönen. Aber daß es drei Stunden lang keinen Dreivierteltakt gegeben hätte, ist eine bösartige Verleumdung. Es wurde geschunkelt – unter anderem zu einem eigens komponierten Stimmungsschlager –, das Publikum tobte zuweilen, aber es mußte – zwischen dem Lied vom »lek-

Ein Stalingrad-veteran erzählt
Wilfried Schmickler,
Wolfgang Müller,
Prunksitzunk '90

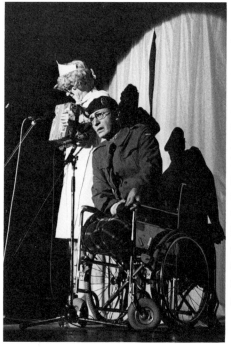

ker Bierchen« und einer herben Stalingrad-Nummer – eine Achterbahn von Gedanken, Gefühlen und Stimmungen absolvieren. Da wurde der Anlauf hin zum ausgelassenen Feiern für manchen ein bißchen lang. Hinterher stritten sich die Kritiker, ob man eine kabarettistische Revue mit Karnevalseinlage oder Karneval mit Kabarett gesehen hatte. Unbestritten ist, daß der alternative Karneval mit der »Prunksitzunk« eine neue Adresse hat, die zu besuchen sich lohnt.

Geschichte.

Jörg Hallerbach

Freiheit der Narren – nur Narrenfreiheit?

Zur Demokratiegeschichte des Rheinischen Karnevals.

*E*ingangs möchte ich zwei Thesen gegenüberstellen. Erstens: Die Real-geschichte des Karnevals ist eine Geschichte von Aufstieg und Nieder-gang. Es gab, über die Jahrhunderte gesehen, mehrere Höhepunkte, und zwar jeweils im Vorlauf von sozialen und politischen Krisensituationen, die dann im Karneval eine besondere Interpretation, manchmal sogar ihre utopisch-heitere Lösung fanden. Dieses freiheitlichste aller Feste, in dem auch Gleichheit und Brüderlichkeit, lange bevor sie zu Forderungen auf-klärerischer Politik wurden, praktizierte Maxime waren, eignet sich auf einzigartige Weise, über die Realität des Festes auch seine Idee zu reali-sieren.

Die andere, dazu entgegengesetzte Position würde einwenden, daß der Zug jedes Jahr länger, die Veranstaltungen immer größer und die Touri-sten mit Pappnase immer mehr werden. Von einem »Niedergang« könne keine Rede sein. »Hand aufs Herz«, fragt Max-Leo Schwering: Gibt es wirklich diese Freiheit? Gehört die Idee der »Narrenrepublik« zur genui-nen Geschichte des Karnevals oder vielleicht doch nur in die »Phantasma-gorie« seiner Interpreten?[1]

Wir werden sehen. Jedenfalls könnte man über die Deutschen und ihre Fe-ste eine Charaktergeschichte schreiben: Feste der Nation und Feste des Kirchenjahres. Buß- und Gedenktage! Der Karneval ist international alle-mal und selbst in diesem Land von anderem Typus. Weder Weiberfastnacht noch Rosenmontag oder Karnevalsdienstag (früher einmal der Höhepunkt des närrischen Treibens) sind »staatliche« Feiertage. Im Gegenteil: alles Feiertage gegen den Staat. Hier wird geschunkelt, gefummelt und gesof-fen, bis der Alltag mit seinen starren Konventionen und Hierarchien auf dem Kopf steht.

In der Person des Narren symbolisiert sich der wichtigste Akteur: die Pro-testfigur schlechthin, die immer dann – meist stellvertretend – in Szene trat, wenn es galt, moralische und soziale Normen zu verändern.[2] Dies sa-ge ich mit Sicherheit für die Vergangenheit und mit Vorsicht für die Ge-genwart: der Karneval, ein Ausbruch von Freiheit und Utopie, von Indivi-dualität und spontaner Organisation, von Tradition und Hoffnung, von Buntheit, Phantasie und Lastern, von tiefster, schönster, undisziplinierter Menschlichkeit.

Der Narr ist gleichzeitig Philosoph, weiser Schamane, Komödiant und Gesetzesbrecher: Pierrot mit der Träne, Mephisto, der melancholische Clown, zuweilen in Ekstase, geschminkt darf er die Wahrheit sagen, unter der Maske sich nehmen, was ihm gehört. Er liegt dauernd im Kampf mit den gesellschaftlichen Ordnungen, bestrebt, wo er ihr begegnet, Herrschaft zu beseitigen. Er hat etwas Animalisches an sich: Seine Weisheit ist Instinkt. Sicher, daß die Rebellion etwas Positives ist, Voraussetzung jeder wirklichen Entwicklung, wissend aber auch, daß sie gefährlich werden kann für die etablierten Strukturen, führt der Narr seine Existenz. Es gibt für ihn Zeiten der Freiheit und Zeiten, in denen er bevormundet wird. Eine Geschichtsschreibung entlang dieser Geschichte (wenn sie denn nicht asymptotisch endet!) wäre mehr als ein Feuilleton der Utopie: das notwendige Dritte zwischen der Geschichte von Herrschaftshäusern und der Ideengeschichte von Sozialhistorik. Jedenfalls ist gewiß, daß wir uns heute in einer Zeit großer Organisationen und großer Mittelmäßigkeit bewegen; in einer Zeit, die dem Narren gänzlich gegen den Strich geht. Wenn es ihn denn (noch?!) gibt, diesen Urvertreter einer anarchistischen Demokratie, er müßte rebellieren. Seine Feste feiern!

Dagegen, ihm zuwider, stehen die organisierten Festlichkeiten selbst: Wo im karnevalistischen Dreiklang – Sitzung, Ball und Umzug – seine Sprache zum Fernsehkölsch gerundet wird, wo der Zensor schon in den Köpfen steckt und die ganze Angelegenheit ein Geschäft von Händlern, Kneipen und Hotels, von hauptberuflichen Karnevalisten ist, und eine Prestigeangelegenheit der Stadtverwaltung dazu. Harmlos, sauber, drapiert: Kaum ist der »Zoch« vorbei, rücken die Müllmänner an.

Die Säuberungen haben Tradition: Im evangelisch-reformierten Deutschland wurde mit den heidnischen Bräuchen des Katholizismus gründlich aufgeräumt. Wo die Preußen ihre Macht antraten, haben sie noch einmal reformiert und den Karneval zum komischen Vergnügen umstaffiert. Vermummen ist verboten – auch heute wieder. Nur nicht im Karneval.

Untersteht euch...!

Karneval war immer schon und in allen Teilen der Welt: keltisch-germanische Fruchtbarkeitsriten, Sonnenverehrung, Vertreibung der Winterdämonen, Frühlingsfreuden. Römische Sühneprozessionen, dionysische Geheimbündeleien, die Saturnalien: Feste zu Ehren Saturns, bei denen die Herren ihren Sklaven aufwarten. Auch die exotischen Feiern vieler Eingeborenengesellschaften sind Karneval. Maske und Tanz die Sprache mit Gott. Ob eine direkte Verbindung von den Festen des Altertums und der Urgesellschaften zu denen der frühen Neuzeit besteht, ist im Grunde gleichgültig. Der Karneval in seinen Varianten ist das Fest aller Feste. Und umgekehrt: ein Reflex jener Feste, die zu feiern wir allmählich verlernen.

Aus Aachen berichtet 1133, mit erhobenem Zeigefinger, ein flämischer Abt über das Spektakel des Narrenschiffs:

»Beim Schwinden des Tages, als schon der Mond am Himmel stand, kamen Scharen verheirateter Frauen unter Hintansetzung aller weiblichen Scham mit aufgelösten Haaren aus ihren Gassen hervor, die eine halbnackt, die andere nur im Unterkleid, und mischten sich, schamlos vordringend, unter die Leute, die um das Schiff herum Chortänze aufführten. Da konnte man zeitweilig an Tausend Menschen beiderlei Geschlechts sehen, wie sie bis Mitternacht die ungeheuerlichste und abscheulichste Abgötterei trieben.«

In der Perspektive des Chronisten liegt das Gemeinsame für Hexenverfolgungen und die Ächtung des »heidnischen« Karnevals. Beides gehörte bekanntlich zum Programm *Martin Luthers*. Schon vor ihm hat *Sebastian Brant* in reformatorisch-humanistischem Geist mit seinem »Narrenschiff« (1494) Füllen und Prassen, den »unnützen Reichtum«, Schwätzerei, Zinswucher usw., kurz: alle Unzulänglichkeiten mittelalterlicher Weltsicht und Praxis als böse Narrheiten angeklagt. Und auch die Karnevalisten nicht ausgenommen:

> »Ich weiß noch etliche Fastnachtsnarren,
> die in der Torenkapp beharren.
> Wenn man die heilig Zeit fängt an,
> so stören sie dann jedermann:
> Ein Teil berußt sich das Gesicht,
> vermummt am ganzen Leib sich dicht
> ...
> Von einem Haus ins andere fallen,
> sich füllen, ohne zu bezahlen –
> dasselbe währt bis Mitternacht;
> der Teufel hat dies Spiel erdacht:
> Wenn man soll suchen Seelenheil,
> daß man erst tanzt am Narrenseil...«

Seinerzeit endete die gewalttätige Lust der Narren nicht am Aschermittwoch. Man widersetzte sich den kirchlichen Geboten: zog die Kappe zur Fastnachtszeit auf und trug sie häufig bis in die Karwoche. Und länger. Wer am 1.4. noch ein Narr war, wurde »in den April geschickt«.

Die Oberen des katholischen Klerus verurteilten weniger scharf als die Reformatoren oder später die Jesuiten das Fastnachtstreiben des Volkes. Sie indizierten zwar das Gottlose, doch haben sie die Festlichkeiten geduldet: mit neuen Interpretationen und Symbolen – sogar in den Klöstern. Man gestattete üppige Gelage *vor* der beginnenden Fastenzeit, erlaubte, was nicht sein durfte: Tollheit, Tod und Teufel.

Die ambivalente Haltung der katholischen Kirche ließ wohl die Fastnacht zum Karneval werden: zur kontrollierten Ausgelassenheit. Doch ihn als Fest auch überleben. Nur so konnte es, besonders in Zeiten der Not, Rückbesinnungen geben: Ausbrüche des Antikirchlichen, des Antistaatlichen, von Freiheit und Demokratie.

Auf diese Perspektiven hin sind die Quellen meines Erachtens noch ungenügend erforscht: Was ereignete sich alles zur Karnevalszeit? Unter der Maske? Mit Hilfe des Dialekts?

Bis ins 19. Jahrhundert hinein war der Kölner Karneval vor allem eine Angelegenheit des einfachen Volkes. Unorganisiert. Ein Moment des Widerstandes. Maskiert zog man nachts durch die dunklen Gassen der Stadt, ausgelassen feiernd, betrunken, bettelnd, aber auch sein Recht verlangend. Die derben Formen, die den Straßenkarneval häufig auszeichnen, signalisieren unterprivilegierte Lebensverhältnisse bzw. gesellschaftliche Ohnmacht und Wut. Von Kirche, Obrigkeit und Reformern wurden die Karnevalisten immer wieder diszipliniert. Mit Bibel und Gesetzbuch. Durch die Verwandlung ihres Festes in eine Mischung von Operette und Revue. Das Establishment dirigierte: Nur keine Ausschreitungen! Dabei geht es den Narren nicht darum, an wenigen Tagen im Jahr das wirkliche Leben zu inszenieren, unter der Ägide von Ruhe und Ordnung Theater zu spielen, alle Träume und Freuden zu raffen! Ihr Ziel ist, die demokratisch-heitere Lebensphilosophie auf alles zu erweitern – mehr als drei Tage hatte man der Obrigkeit bisher nicht abtrotzen können. Sie fürchtete immer – und gar nicht zu Unrecht – hinter der Larve (entlarven!) den Aufstand. In dieser Interpretation ist der Karneval keine Domäne konservativ-süffisanter Nabelschau – auch wenn die Erben Sebastian Brants ihn heute wieder so organisieren.

»Ein ganzes Jahr und noch viel mehr...«

Schon bei Brant ist dokumentiert, daß die Fastnacht auch schon mal über das ganze Jahr dauert. Ist es da nicht verständlich, wenn die Obrigkeit sie begrenzen will? Im Mittelalter mußte man das Treiben vom Martinstag (11.11.), dem Schluß des bäuerlichen Jahres, bis in den Frühling hinein dulden. Nachdem die Ernte eingebracht und das Vieh im Stall war, wurden Knechte und Mägde entlassen. Ähnlich erging es vielen Handwerksgesellen. Sie mußten nun »heischen«, d.h. betteln gehen – während die Reichen ihre Schlachtfeste veranstalteten. Da möchte man schon gern die Rollen tauschen: Frau wird Mann, Knechte zu Herren, die Gecken kennen keine Standesunterschiede.

Eine engere Begrenzung verordnete die Kirche. Dazu bot das Dreikönigsfest am 6. Januar ihr willkommenen Anlaß: Von alters her fanden an diesem Tag Jubel, Schmaus und handfeste Trinkgelage statt. Weihnachten war vorüber, Karneval konnte beginnen. Noch heute gilt dieses Datum als eigentlicher Auftakt; die Sitzungen heben an – der Straßenkarneval wird vorbereitet...

1341 sprechen die Quellen von üppigen Gelagen der Kölner Ratsherren zur Fastnachtszeit. Zwei Generationen später, nachdem die Zünfte die Machtverhältnisse durch Revolution und Beteiligung an der Stadtregierung gründlich geändert hatten, wurde der Karneval für kurze Zeit erlaubt – bis sich die neuen Herren etabliert hatten und mit den alten fraternisierten. Das Volk feierte Nachbar- und Bruderschaftsfeste auf den Straßen, während die Herrschaften Kostümbälle gaben.

Sicher ist, daß in dem Maße, wie die Bevölkerung bzw. Teile der Bevölkerung verarmten, die Maske aggressiv benutzt wurde: nicht nur zu Bettelgängen, auch zu Räuberei und Rebellion. Die Zünfte führten hinter der Maske über Jahrhunderte ihren Kampf gegen aristokratische Familien, Kirchenfürsten oder einen sich verselbständigenden, ämterhäufenden Rat. Wenn heute symbolisch an Karneval das Kölner Rathaus besetzt wird, reflektiert dies mehr, als daß die Narren für kurze Zeit die irdische Macht übernehmen – um sie bald wieder großzügig zurückzugeben; denn am Aschermittwoch beginnt ja ihr Gottesreich des Augustinus. Das ist katholische Interpretation. Die Aktion spiegelt auch die Vordergründigkeit weltlicher Hierarchie. Was soll es, die Amtsinhaber auszutauschen? Dies allein macht noch kein Narrenreich. Die etablierte Gesellschaft herrscht nicht zum Spaß und läßt sich nicht zum Spaß ersetzen. Im Zuge dieser Erkenntnis liegt es, daß die Forderungen der rebellierenden Narren keineswegs immer freundlich vorgetragen wurden – manchmal waren die Räte an diesen Tagen ihres Lebens nicht sicher.

»No gevv uns jet, ja gevv uns jet, un hamer jet, dann spreng de Kett!« lautet der Vers eines Heischeliedes...

Zünftige Umtriebe

In der Woche vor Fastnacht wird überall sauber gemacht, die Kölnerinnen holen die von der Decke hängenden »Freier« herab – das sind die Spinngewebe: »Soviel Freier an der Wand, soviel Freier an der Hand.« Vom Keller bis zum Speicher wird geputzt, anschließend dann geschmort und gebacken. »Muuzen« heißt das kölnische Fastnachtsgericht: dünn gerollte, süße, in Butter geschmorte Mehlkuchen. Dann ging's vermummt auf die Straßen.

Aus dem Jahr 1403 datiert das älteste (überlieferte!) Kölner Verbot, sich zu maskieren. Es wurde von Zeit zu Zeit wiederholt, neugeschrieben, weil man es offenbar nicht befolgte. Die wilden Maskeraden richteten sich gleichermaßen gegen die kirchliche und weltliche Obrigkeit. 1441 wurde der Wirt Johann van Ghyent vom Kölner Rat bestraft, weil er zusammen mit Freunden »das religiöse Gefühl in schmachvoller Weise verletzt« hatte. Sie trugen zur Fastnacht einen Reliquienschrein, auf dem kein Heiliger, sondern ein Popanz dargestellt war, mit Weihwedel und Fahne.

Am Fastnachtsmontag 1482 entwickelte sich aus dem Kölner Maskenfest ein offener Aufruhr – die Einzelheiten sind nicht bekannt. Jedenfalls wurde anschließend nicht nur das Vermummen untersagt, sondern bald (1487) auch die Schwert- und Reifentänze der Schmiedegesellen...

Es dauerte jedoch nicht lange, und die Karnevalisten hatten sich wieder erholt, um es wie eh und je zu treiben:

»Da verkleiden sich die Leute, laufen wie Narren und Unsinnige in der Stadt um, mit mancherlei Abenteuer und Fantasie, was sie erdenken mögen ...

Da sieht man in seltsamer Rüstung seltsame Mummerei, die Frauen in Mannskleidern und die Männer in weiblicher Kleidung und ist fürwahr, Scham, Zucht, Ehrbarkeit, Frömmigkeit an diesem christlichen Fest teuer und geschieht viel Büberei ...

Etliche laufen ohne Scham aller Dinge nackend umher, etliche kriechen auf allen Vieren wie die Tiere, etliche brütlen Narren aus, etliche sind Mönche, Könige, etc. auf diesem Fest...

Etliche gehen auf hohen Stelzen und Flügeln und langen Schnäbeln, sind Störche, etliche Bären, etliche wild Holzleut, etliche Teufel. Etliche sind Affen, etliche in Narrenkleidern verbutzet.«

Die »wilden Holzleut« sind »wilde« Männer mit geschwärztem Gesicht, sie beherrschen die schwarze Kunst der Magie bzw. Alchemie – erst in christlicher, besonders in lutherischer Umdeutung wurde hieraus der Dämon – und die ganze Fastnacht als »Teufelsfest« verdammt.

Nach kurzem Triumph der Lutheraner hatte die Gegenreformation das Rheinland überrollt. Ein letztes Aufbäumen politisch-liberalen Geistes 1525 – und dann die fürchterliche Reaktion: Ausgerechnet zur Fastenzeit ließ der Rat führende Protestanten ergreifen und durch das Schwert hinrichten.

Aus der gut etablierten Familie Weinsberg gibt es einen Bericht vom 8. Februar 1558 zum Karneval der Patrizier:

»Wir haben getanzt und gesprungen und haben unter uns beiden zu Weinsberg zum ersten Mal geschlafen und sind den ganzen Fastabend mit Gott und den Freunden fröhlich gewesen, getanzt und gesprungen ... Auch am letzten Fastabend (Dienstag) haben wir die ganze Nacht getanzt unter dem Rathaus, wohin meine Schwester, Bruder und Schwager vermummt kamen.«

Für die unteren Klassen schrieben Gerichte und Gefängnisse die Chronik. 1567 verbietet ein Protokoll ausdrücklich das Fremdgehen zu Karneval: Es ist nicht erlaubt, daß ein verheirateter Mann zusammen »mit einem Mädchen mummen« geht. 1596 kommt's noch härter: Die kurköllnische Polizeiordnung verlangt, das Fastnachtsvergnügen gänzlich abzuschaffen:

»Daß in Städten und Dörfern nur noch am Montag eine ehrliche Gesellschaft der Bürger und Hausleute gestattet sei, mit der Einschränkung, daß vor 6 Uhr jeder wieder in seinem Haus sein mußte und die Nachtgelage, das Nachtsaufen, die Schwerttänze und Mummereien samt allem übermäßige Fressen, Saufen, Tänzen und alle Leichtfertigkeiten ganz und gar abgestellt werden ...«

Besonders die Jesuiten, die im 17. Jahrhundert großen Einfluß auf den Rat bekamen, waren verbissene Fastnachtsgegner. Wie die Kölner Bürger opponierten? Unter der Maske! Sie feierten und vermummten sich – die ratsherrliche Autorität mißachtend. Häufige Klagen der Stadtväter sind überliefert: Weil »unterschiedliche Leute Gottes Gebot und unserem publizierten Edikt zuwider, vergessiglich und üppig bei offenem Tag und nächtlicher Zeit Mummen« gingen! Wer waren hier wohl die Genarrten?

Wenn man den Bruderschaften ihre Umzüge verbot, wurden Banden gebildet. Offiziell durften die Weißgerber 1611 als erste wieder ihren Zug durch die Stadt machen; dann die Schmiedezunft, die Harnisch(=Rüstungs)macher, 1615 die Drechsler usw.

Doch immer wieder schränkte der Klerus ein. Als Mummerei und heidnisches Treiben »am hellichten Tage und zu nächtlicher Zeit« überhandnahmen, wurde »den Gewaltrichtern und ihren Dienern, sowie unseren Stadtsoldaten aufgetragen und befohlen«:

»Alle bei Tag und Nacht vermummt gehenden und ferner alle diejenigen, welche heimlich oder öffentlich bei Nacht oder zu unangebrachten Zeiten Büchsen, Pistolen, Schnapphähne, Knallfrösche oder andere verbotene Lärminstrumente bei sich tragen und führen, ohne Unterschied der Person in den Turm zu bringen ...« (1657)

Es war eine arge Zeit der Unruhen und Not, der Dreißigjährige Krieg – der Kölner Klerus behielt die Oberhand und wies die progressiven und unternehmerischen Protestanten aus der immer ärmer werdenden Stadt. 1711 wurde im Bergischen Land verboten, nach 7 Uhr abends Bier zu zapfen: Das »ärgerliche Dantzen und Springen« sei einzuschränken. Darüber hinaus solle man auf die Junggesellen achtgeben, weil »selbige bei nächtlicher Weil allerhand Wilmuth auff den Gassen« treiben, was »durchaus nit zu dulden« sei.

1712 untersagt der Kölner Rat alle Heischegänge und »Mummereyen« der Stadtbediensteten; später gab er, weil die Verbote nicht nutzten, zum Narrenfest Wein- und Geldgeschenke. Die »Kamellen« heute sind ein mickriges Überbleibsel der Spende an die bettelnden Angestellten.

Mitte des 18. Jahrhunderts waren die Festlichkeiten ganz klar zweigeteilt: In die aristokratischen Bälle (Redouten) sowie die Straßen- und Kneipen-Fastnacht des Volkes.

Nachdem der Rat sich von der Harmlosigkeit der Redouten überzeugt hatte, gestattete er sie ganz offiziell: »Zur Veränderung und Ergötzlichkeit in- und ausheimischer, zumal vornehmer Personen«. Allerdings nur in geschlossenen Sälen und soweit das Publikum »keine garstigen, mißgestalteten oder unverschämten Masken« trug.

Ganz davon getrennt lief der verbotene Karneval der unteren Klassen: 1785 berichtete das »Journal von und für Deutschland« über den rohen »Fastelabend in Cölln«: Mummenschanz in den Straßen – Feiern in den Klöstern. Männer und Frauen zogen an den Tagen vor Aschermittwoch, teils allein, teils in Banden, jedenfalls verkleidet – die Ärmsten als Strohmänner – über die Straßen.

Als wenige Jahre später *Georg Forster* nach Köln kam, fand er eine weitgehend entvölkerte, heruntergewirtschaftete Stadt. Überall auf den Straßen lungerten Bettler in Lumpen, die »Kappengecken« hießen, weil sie vermummt waren – nicht nur zur Fastnachtszeit.

Aber nun bitte mit Anstand!

Als die französischen Revolutionstruppen 1794 an den Rhein kamen, wurde der Karneval zunächst verboten. Die Verordnung vom 12.2.1795 begründet:

»Die Übelgesinnten, welche gleich dem Kameleon alle Farben annehmen, alle Gelegenheiten ergreifen, um die öffentliche Ruhe zu stören, werden gewiß nicht ermangeln, was ihr Karneval nennt, zu benutzen, ... Unruhen anzustiften.« Um allem, was Ruhe und Ordnung stört, vorzubeugen, werden deshalb sämtliche Maskierungen verboten: »Damit die aristokratischen Banden nicht unter der Maske der Republik gefährlich werden« können.

Das Verbot galt bis 1800. Damals wurde am Tage vor der Fastnacht unter Trommelschlag bekannt gemacht, daß nun der Straßenkarneval wieder gestattet sei: Niemand jedoch dürfe sich als Soldat, Geistlicher, Richter oder Ordensperson verkleiden oder eine Waffe bei sich tragen. Erlaubt war ausdrücklich die alte Figur des »Bellengeck«: ein mit Schellen behangener Narr, der in der einen Hand die Pritsche und in der anderen eine Zitrone hält. Geigenspieler begleiten ihn, wenn er durch die Straßen tanzt und vor einigen Häusern seine – den Bewohnern häufig gar nicht angenehmen – Sprüche aufsagt. Jeder, der darüber hinaus eine Maske tragen wollte, mußte zuvor bei der Armenverwaltung eine Erlaubniskarte lösen: für 30 Centimes! Ein fast unerschwinglicher Preis. Von der Erlaubnis machte entsprechend auch nur die Oberschicht – 1273 Personen – Gebrauch. Im darauffolgenden Jahr bloß 954! Damals hatte Köln etwa 40.000 Einwohner. Jeder Verstoß gegen die Anordnung der französischen Verwaltung würde mit Gefängnis bestraft...

Pustekuchen jedoch! Die Kölner nahmen sich ihre Freiheit!

»Auf keiner einzigen der vielen Maskeraden sah ich eine schöne Maske, eine veredelte Gestalt. Man sah hier nichts als Fuhrleute mit schmutzigen Kitteln, mit verzerrten Larven und lang herunter hängenden Haaren von Werg oder Flachs, Bauern in schmutziger plumper Tracht, schmierige Caminfeger und altväterlich gekleidete Weiber. In diesem von Tabak, Punsch und Ausdünstungen duftenden Tumult trieb sich der Pöbel aller Klassen mit Entzücken herum.«

Trotz alledem: Mit den Franzosen kam – der italienische Karneval. Heiter, satirisch, ungefährlich. Ähnlich wie ihn Voltaire seinen Candide erleben läßt: mit lauter wirklich abgesetzten Königen. Ach, welches Unglück!

Nach der Niederlage Napoleons wurde Köln (1851) preußisch. Es ging am Rhein nun wirtschaftlich aufwärts. Der Zunftzwang war abgeschafft. Manufakturen und Fabriken konnten entstehen.

Noch im Aufschwung, bevor Jahre später das große Elend der Arbeiter sichtbar wurde und sich deren Lage als immer auswegloser zeigte, »reformierte« die Kölner Bourgeoisie den Karneval. Wallraff, DuMont, De Noel u.a. postierten anstelle des alten, rohen, zünftigen Hanswurst ihr strahlendes Dreigestirn: An der Spitze der »erste Sprecher« Heinrich von Wittgenstein, 26 Jahre alt, dem alten reichsstädtischen Patriziat zugehörig. Erinnerung an das mittelalterliche Kaisertum und die Reichsunmittelbarkeit der Stadt? Jesuitisches Königreich Gottes in Köln? Man dekorierte die Fastnacht: mit dem »kölschen Boor« – dem Sinnbild der Reichstreue; der »Jungfrau« – Zeichen der Freiheit Kölns im Reichsverband; und den »Roten Funken« – Stadtsoldaten, die im 17. Jahrhundert zusammen mit der Polizei für Sicherheit und Ordnung sorgten...

Mit diesen der Bourgeoisie sympathischen Erinnerungen wollte man die närrischen Tage zum gesellschaftlichen Ereignis aufwerten. In einem Zei-

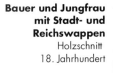

Bauer und Jungfrau mit Stadt- und Reichswappen
Holzschnitt
18. Jahrhundert

56

tungsbericht von 1824 heißt es: »Es war freilich kein Fest für solche, denen die Silberstücke wie Schildkrötendeckel über die merkantilische Seele gewachsen ... Es gehören zu einem solchen Feste Leutchen, die den Muth haben, einige Thaler an eine solide Freude zu setzen. ...« Der Vorteil: »Von den Straßen verschwindet der wilde Geist ungeregelter Ausgelassenheit.« Ein späterer Kommentar; »Daß die Reformer ihren neuen großen Zug auf den Fastnachts-Montag legten, war ein Akt der Klugheit ... Der Fastnachts-Montag war in Köln jeher der ruhigste der tollen Tage.« Von nun an schmeckte das Fest, wie der gewiß unverdächtige Bürger *Karl Immermann* (1829) kommentierte, »nach Absicht und Berechnung«. Immermann fand bei seinem Besuch jedoch auch noch den dunklen, mittelalterlich-zünftigen Karneval in den Gassen: »Das bunte Treiben der Menschen und die nächtlichen düsteren Begegnungen hatten seltsame Gegensätze geboten ...« schrieb seine Frau Marianne.

Ei, der Hanswurst kommt!

Als die Kölner Bourgeoisie ab 1824 die großen Straßenumzüge zu organisieren begann, die natürlich gut vorbereitet sein wollten (in »Sitzungen«), war der Bruch mit der traditionellen Fastnacht vollzogen. Den preußischen Besatzern erschien jedoch selbst dieser sehr disziplinierte Karneval suspekt. Wie sonst ist die Kabinettsorder vom 20.5.1829 zu verstehen, nach der »Carnevals-Masqueraden in den Rheinprovinzen nur in denjenigen größeren Städten erlaubt seyn sollen, wo sie von altersher herkömmlich stattgefunden haben«?

In Aachen und Bonn durfte man sich deshalb »auf öffentlichen Straßen« weiter nicht verkleiden. Der Karneval galt als eine »anormale und in polizeilicher Hinsicht nicht unbedenkliche Lustbarkeit«. Die Verbote wurden erst in den 40er Jahren aufgehoben – im Vorlauf der bürgerlichen Revolution.

Nachdem der begabte *Peter Leven* 1835 von dem erzkonservativen Wittgenstein die Präsidentschaft im »Festordnenden Komitee« übernommen hatte, regten sich die Kölner Karnevalisten. Damals brodelte es im Rheinland; die Preußen waren genauso verhaßt wie der heimische Klüngel. Lesen wir in der »Rheinischen Zeitung« (vom 6.1.1842), wie sich die karnevalistische Szene zu verändern begann:

»Die bisherige, so berühmt gewordene hiesige Karnevalsgesellschaft bestand stets aus den, wie ohne Zwang, so auch ohne Hindernis zusammengetretenen achtbarsten Bürgern der Stadt Köln, die sich *jedes Jahr* aus ihrer Mitte ein festordnendes Komitee wählten, welches in den letzten Jahren den Namen 'Kleiner Rat' führte. Man sieht, daß die Kölner Narren Einsicht genug hatten, für ihr Reich die einzige Verfassung zu wählen, unter der das wahre Narrenthum gedeihen kann, nämlich die republikani-

sche. Republik dem Namen, Republik dem Wesen nach. Dies Wesen brachte es denn auch mit sich, daß das festordnende Komitee mit jedem Jahr neu gewählt wurde ...

Das im vorigen Jahr gewählte Comite beschloß nun gegen Ende seines Bestehens, die bisherige republikanische Karnevalsverfassung durch einen Staatsstreich umzustürzen, und in ihre Stelle eine aristokratische oder oligarchische, wie man sie nennen mag, einzusetzen. Es kündigte, kurz vor dem Schluß seiner Herrschaft, seinen Rücktritt an, und konstituierte sich unmittelbar nachher, aus eigener Machtvollkommenheit als neuer Vorstand unter dem Namen 'festordnendes Parlament'. Mag bei diesem Staatsstreich die Absicht des früheren Comites dahin gegangen sein, sich auch für das laufende Jahr die Herrschaft zu sichern, oder dahin, durch den neu eingeführten Modus der Aufnahme (wonach nämlich das 'Parlament' die Mitglieder empfängt und nach seinem Gutdünken zur Einzeichnung in die Liste zuläßt, während früher jeder achtbare Bürger gegen Entrichtung von drei Thalern an der Kasse Zutritt erhielt) die ihm nicht zusagenden Individuen auszuschließen: jedenfalls hat es die Prinzipien, worauf die alte, eigentliche Karnevalsgesellschaft basiert war, umgestürzt und namentlich das zu Wege gebracht, daß *während früher die Gesellschaft das Comite zusammensetzte, jetzt das Comite die Gesellschaft zusammensetzt...*

Soll die Karnevalsfreiheit und mit ihr der Karneval zu Grunde gehen? Es ist dafür gesorgt, daß dies nicht geschehe. Diejenigen nämlich, die an der alten Verfassung festhalten, sind wieder zusammengetreten, und sie sind entschlossen, froh und frei, furchtlos und treu wie ihr Kappenspruch heißt, das alte Fest auf alte Weise zu feiern ...«

Dann folgte der Aufruf an alle, sich im Eiser'schen Saale zur zweiten Generalversammlung zu treffen. Die selbstherrlichen Putschisten wollten daraufhin retten, was noch zu retten war: »Es gibt nur eine kölnische Karnevalsgesellschaft, in zwei lediglich durch den Raum getrennten Hälften.«

Die »Eisenritter« verlangen jedoch, daß Leven und seine Anhänger ihren undemokratischen Streich rückgängig machten. Am 9. Januar 1842 hefteten sie in Köln Plakate an, von denen Hanswurst persönlich sprach:

»Wie ich zu meiner größten Betrübnis vernommen habe, ist in meiner Heimatstadt Köln Uneinigkeit ausgebrochen. Die Einigkeit muß wieder hergestellt werden, wenn ich nicht mein Reich verlassen soll; aber freisinnig wie ich bin, will ich die Vereinigung nicht durch einen Machtspruch oder durch Gewalt herbeiführen lassen. Demnach habe ich in meiner Liebe und Weisheit Folgendes beschlossen und lasse es durch meinen Kleinen Rath hiermit zur öffentlichen Kunde gelangen...«.

Jeder, der eine Eintrittskarte des reaktionären »Festordnenden Parlaments« besitzt, kann – so versprachen die Eisenritter – unentgeltlich auch an der General-Versammlung des Großen Raths im Eiser'schen Saal teilnehmen und anschließend *unentgeltlich* das Recht zum Übertritt wahrnehmen.

Dieses »Vereinigungsmittel«, die Volksabstimmung mit Füßen, hat das »Festordnende Parlament«, also Peter Leven und seine Getreuen, natürlich als provozierend empfunden; sie mußten wohl oder übel alle Verhandlungen abbrechen ... um sie dann doch wieder aufzunehmen. Man riß sich zusammen, um wenigstens den Zug und den traditionellen Ball im Gürzenich gemeinsam zu veranstalten. Das Motto für den Rosenmontag lautete: »Olympische Spiele«. Die Konservativen parodierten vorsichtig die »Götter der Oberwelt«, die Republikaner schürten im Hades. Ihre aufmüpfigen Sprüche:

> »Sollen Erbsen mit Schnäuzcher und Oehrcher schmecken
> muß man die Erbsen im Topf erschrecken.«

Oder:

> »Will man backen Mändelcher und Muzen,
> muß man den Teig knuffen und knuzen.«

Wie rommelt dä Pott!

1843 war ein ruhiges Karnevalsjahr. Die beiden Gesellschaften demonstrierten närrisch gegen die Überfüllung der kölnischen Hochschule mit Gelehrten: für mehr Liberalisierung und die Begründung einer echten Universität im sonst so reaktionären Köln. Im darauffolgenden Jahr, 1844, war der Graben zwischen Republikanern und großbürgerlichen Karnevalisten plötzlich wieder weit aufgerissen. Dafür sorgte an erster Stelle *Franz Raveaux* (1810-1851).

Raveaux, der bereits mit 14 »wegen Ausschreitungen« vom Gymnasium geflogen war, der 1834 in Spanien gegen die Königstreuen stritt und es dort bis zum Hauptmann brachte, krempelte, als er nach Köln kam, zunächst den »Verein der Dombaufreunde« um und dann – den gesamten Kölner Karneval.

Die schwelende Wirtschaftskrise, die elenden Arbeitsverhältnisse in den Fabriken und die Not der Bauern (Kartoffelkrankheit) übertrugen sich auf den Fasching und akkumulierten zu politischen Forderungen: Gleichheit, Brüderlichkeit, Freiheit.

Robert Eduard Prutz (1816-1872), ein progressiver und begabter Poet, hat damals (am 30.3.1843 in der Rheinischen Zeitung) die utopische Philosophie des Karnevals in Verse gefaßt:

> »Haben in der Weisheit Joch
> Lang genug gezogen,
> Wurden von der Weisheit doch
> Oft genug betrogen.
> Nun, so woll'n wir resolut
> Und als Narren zeigen,
> Und das allerhöchste Gut
> wird uns doch zu eigen.

Zwar die Weisen männiglich
Schütteln ihre Köpfe
Vor Entsetzen sträuben sich
Die gesalbten Zöpfe.
Aber dennoch schlaget ein,
Langt die Kappe willig.
Habt nur Muth, ein Narr zu sein!
Klug zu sein ist billig.

Ehe wird die Welt nicht frei,
Glaubet dem Propheten!
Ehe wird der Sklaverei
Nicht das Haupt zertreten:
Ehe nicht, was Narrheit jetzt
Unsere Weisen schelten,
Einst von Allen hochgeschätzt
Wird als Weisheit gelten.

Drum ein Hoch dem Narrenthum
Lebehoch den Tollen!
Weisheit ist ein schlechter Ruhm,
Den wir nicht mehr wollen.
Wenn die Welt erst närrisch wird
Wird sie bald vernünftig –
Heut gebechert! Heut geschwirrt!
Und das Andre künftig.«

Einen Tag später, am 31.3.1843, durfte die Rheinische Zeitung nicht mehr erscheinen: weil sie gesündigt hatte gegen den Geist der Zeit. Das Gedicht von Prutz wurde damit zum Programm – für den politischen Kampf unter der Narrenkappe.

Daß »das Andre« nicht auf die lange Bank geschoben wurde, dafür sorgte Franz Raveaux. Er attackierte von seiner Karnevalsgesellschaft, dem Neuen Kuhberg (Ehrenstraße), aus den kölnischen Klüngel und die romantisch-reaktionäre Vorstellungswelt der Stadtoberen. Im Weinhaus »Zur ewigen Lampe« debattierte er mit Freunden und Gegnern, hielt feurige Wahlreden. Mit der »Allgemeinen Carnevals-Gesellschaft«, die 1844 offiziell durch Zusammenschluß der Eisenritter und des Neuen Kuhberg entstand, hatte man rasch eine populäre Plattform geschaffen und an die Ereignisse von vor zwei Jahren angeknüpft. Der Mitgliedsbeitrag wurde von den üblichen drei auf einen Taler gesenkt. Die Mitgliederzahl wuchs rapide – hier war was los: Hanswurst stand im Mittelpunkt, nicht dieser affige, preußisch-französische Prinz.

Es gab in diesem Jahr an allen Tagen Züge. Am Samstagabend ging es mit Fackeln los:

»Die Musikanten, selbst maskiert, mit fratzenhaften Gesichtern, verkommene, irrende Ritter zu Pferde, gespenstige Weibergestalten dazwischen, Hanswurste mit den Schellenkappen voran, dann die Pechfackelträger, ganz, teilweise oder gar nicht maskiert und nur mit dem Narrenzeichen (der Schellenkappe) im langen, unabsehbaren Zuge, wild die Melodie des Marsches mitsingend, während die Pechfackeln ein grelles Licht über ihre Gestalten warfen und einen wallenden Dunstkreis über sie zogen. Dann

kam der Höllenwagen, gefolgt von vielen mit Teufeln besetzten Wagen. Aber der Höllenwagen war die interessanteste Gruppe. Umgeben von fürchterlichen Teufelsgestalten in allen Farben, im enganschließenden An-zug mit Hörnern vor dem Kopfe, saß Belzebub, der oberste der Teufel, ihm gegenüber seine Großmutter, die scheußlichste Altweibermaske ...«.
Am Sonntag fand, wie jedes Jahr, die Kappenfahrt statt:
»Wer Geld übrig zu haben glaubte, ließ es springen. Gar mancher arme Schneider brachte das Beste, was er noch besaß, ins Pfandhaus, um viel-leicht als Gott oder fremder Fürst seine höchsten Träume praktisch zu ver-suchen ...«.
Am Rosenmontag veranstaltete die »Große Carnevalsgesellschaft« eine Parodie auf den Besuch Kaiser Maximilians in Köln (1505), bei der die Zensur aufs Korn genommen wurde. Am traditionellen Dienstag war der Festzug der »Allgemeinen«: Man feierte den 21. Geburtstag von Hans-wurst – endlich wird er volljährig.
1845 erlebten die Kölner gar zwei Montagszüge: Raveaux und seinen An-hängern gelang eine prächtige und sehr volksnahe Demonstration auf dem Neumarkt – die »Große Carnevalsgesellschaft« schien erledigt, die Bour-geoisie geschlagen.
Anfang August 1846 entlud sich die politische Spannung der Zeit auf den Straßen der Domstadt. Es kam zu heftigen Kämpfen mit der Polizei – ei-nem Vorspiel der Pariser, Wiener und Berliner Februar- bzw. März-Revo-

lutionen knapp zwei Jahre später. Auslöser waren verbotene Feuerwerke bei der Martinskirmes auf dem Altermarkt. Am Mittwoch, dem 5. August, frühmorgens war die Grenze des Erträglichen erreicht:

»Nach dieser Nacht voll Schrecken und Greuel befand sich die ganze Bevölkerung Kölns in nie gekannter Aufregung und Bestürzung. Gruppenweise besah man die Blutspuren, welche noch an den Häusern klebten, sowie die hinterlassenen Spuren der Verwüstung an den Häusern selbst. Man versammelte sich auf dem Domhofe ... Die Spannung wuchs...«

Schließlich mußte die Stadtverwaltung nachgeben und die Aufstellung von sechs unbewaffneten Bürgerkompanien zugestehen. Wer stand wohl mit an der Spitze der Rebellen? Franz Raveaux!

In der Folge kam es mehrfach zu ernsten Zusammenstößen zwischen Bürgerwehr und Regierung. Der preußische König klagte (am 4.9.1846) »mit gerechtem Schmerz« über sein vermeintliches Bollwerk:

»Daß eine nicht unbedeutende Zahl (Cölner) Einwohner ... nicht nur den zur Sicherheit der Stadt getroffenen Anordnungen getrotzt und sowohl den Polizeibeamten als den zu ihrer Verstärkung herbeigerufenen Truppen tatsächlichen Widerstand geleistet, sondern auch beide durch Steinwürfe in gefährlicher Weise angegriffen hat. Die Aufhebung gegen die öffentliche Gewalt ist überall ein schweres, in seinen Folgen unberechenbares Verbrechen, am meisten in einer Stadt, welche mit Recht für ein Bollwerk Deutschlands gilt.«

Soweit der König. Die bürgerliche Revolution, die knapp zwei Jahre später fast überall in Europa heftig ausbrechen sollte, hat eine ihrer Wurzeln in den Kölner August-Ereignissen, und diese wiederum sind ohne den Karnevalsgecken und Volkstribun Franz Raveaux undenkbar.

Eine andere Persönlichkeit jener Jahre, die es wiederzuentdecken lohnt, war der Karnevalist und Demokrat, Buchdrucker und Antiquar *Franz Anton Kreuter.* Er regte in der Karnevalssession 1845 ganz praktische Alternativen an: Soll man die Kölner Stadtoberen doch ruhig weiter klüngeln lassen... Bauen wir selbst, vor den Toren, im heutigen Ehrenfeld, eine neue genossenschaftliche Stadt!

1847 entstand ein dritter bedeutender Karnevalsverein, die Cäcilien-Gesellschaft:

»Der Hauptzweck, den wir uns gestellt, ist der, so wenig Unkosten wie möglich zu machen, um unseren armen nothleidenden Mitbürgern in dieser hart bedrängten Zeit desto mehr Unterstützung zukommen lassen zu können. Damit auch der wenig Bemittelte sich an unserer Gesellschaft betheiligen kann, und um unseren guten Zweck zu erreichen, haben wir den Eintrittspreis auf einen Thaler festgesetzt, wofür das Mitglied freie Mütze, Karte und Lieder erhält. Um die Sache noch leichter zugänglich zu machen, haben wir den Thaler für diejenigen, welche es wünschen, in drei gleiche Theile getheilt, damit es den Leutchen nicht schwer falle. Als Nebenzweck haben wir uns die Aufgabe gestellt, uns an den Sitzungstagen durch heitere Lieder, satyrische Reden, Aufführung kleiner Theaterpossen auf einer dazu eingerichteten Bühne angenehm zu unterhalten.« Schließlich »haben wir beschlossen, unsere Überschüsse hauptsächlich verschämten Hausarmen, ohne Unterschied der Konfession, jede Woche nach Kräften zukommen zu lassen, in dem wir die Zeit der größten Noth hauptsächlich im Auge hatten.« (Artikel 2-6 der Satzung).

Das Programm der Cäcilien-Gesellschaft in diesem Jahr: eine Zirkusvorstellung. »Der große Cölngalische Löwe, geb. in der Wüste Agrippina, dieses schöne große Tier, welches immer noch größer sein will, als es eigentlich ist, hat die Eigenschaft, daß es gewisse Bedingungen stellt, die man nicht immer erfüllen kann, dasselbe frißt nichts wie Geld und kann man seine Abarten in 8-9000 Exemplaren in allen Theilen der Welt finden...

Verschiedene Exemplare Bêtes brutes, dieselben leben zahm und wild an allen Enden der Welt, eine ausgezeichnete Art derselben gehört zur Klasse der Dreckschwalben, sie nisten nur in Sümpfen und Morästen, dieselben geben sich zu erkennen durch ihren Anhang an allen Vorurteilen, sie gleichen jenen Vögeln, die man Papageien nennt, sie plaudern in den Tag hinein ohne zu wissen was sie sagen, sie sind nicht im Stande, etwas Selbständiges zur Welt zu bringen, man begegnet ihnen manchmal auf offenen Straßen und Plätzen, besonders den Rathausthurm lieben sie, und halten sich in dessen Nähe auf, um die Vorübergehenden ohne die mindeste Veranlassung mit ihrem Geifer zu überschütten ...«

Karl Heinzen forderte damals in Flugblättern die Bürger auf, ihre Trägheit zu überwinden: sich nicht »wie eine Herde Vieh« von despotischen Herrschern treiben zu lassen.

»Wir müssen den natürlichen Haß, der jedes rheinische Herz gegen das falsche, heuchlerische, durch und durch russische Berlinertum erfüllt, auf das gehörige rheinische Maß bringen, damit wir für die Zeit vorbereitet bleiben, wo wir ... das republikanische Banner auf unseren Dom pflanzen können.«

Am 16.3.1848 – seit drei Wochen wußte man von dem Umsturz in Frankreich – meldeten die Zeitungen:

»Durch den panischen Schrecken, der sich allgemein verbreitet hat, stocken alle Geschäfte, die Fabriken arbeiten weniger, alle Luxusgegenstände finden weniger Käufer, man schränkt sich allgemein ein. Schon hat man die Suppenanstalt für Nothleidende städtischer Seits wieder eröffnet und überläßt zu 10 Pfennigen ein Quart guter Suppe ...«

Zwecklos. Am 20. März wehte vom Kölner Dom – mit Einverständnis des Erzbischofs – die schwarz-rot-goldene Fahne der Republik! Eine Bürgerversammlung verlangt vom König die Assoziationsfreiheit, die Abschaffung der Ständeverfassung und die Bewilligung einer Volksrepräsentation, die Einführung allgemeiner Volksbewaffnung, Amnestie für alle politischen Häftlinge, Geschworenen-Gerichte für politische Prozeß-Verfahren sowie schließlich volle »bürgerliche und politische Gleichstellung sämtlicher Staatsbürger, ohne Unterschied der Culte«.

Am selben Tag noch mußte der König eine allgemeine Amnestie erlassen: Unter anderen wurden Annecke, Gottschalk und Willich auf freien Fuß gesetzt.

Karneval im Jahr der Revolution

Spulen wir zweieinhalb Monate zurück!

Die »Fasnachts-Excesse« begannen, wie der Kölnische Anzeiger am 4.1.1848 meldet, in diesem Jahr bereits früh:

»Zwei Trunkenbolde gingen nämlich über die Hochstraße und schlugen jedem Herrn, dem sie begegneten, auf den Hut, und zuweilen mit solcher Gewalt, daß die Kopfbedeckung dadurch tief ins Gesicht hinabgedrückt wurde ...

An der Stelle, wo die St. Agathastraße in die Schildergasse einmündet, schlugen sie auch einem Manne derb auf den Hut. Der Angegriffene wollte, da er den Zustand der Angreifer bemerkte, ruhig seinen Weg fortsetzen, als ihn einer derselben beim Rockkragen ergriff und festhielt. Er versuchte nun, sich gewaltsam loszumachen, aber der kühne Diener des Bacchus hielt fest, als gelte es, ein Faß Wein oder Liqueur zu retten. Es entstand nun ein heftiger Wortwechsel und bald kam es zu Thätlichkeiten. Eine große Menge Menschen sammelte sich in wenigen Minuten; einige Bürger aus den benachbarten Häusern eilten herbei und nahmen Partei gegen die Bacchusknechte, da sie das rohe Betragen dieser letzteren gesehen hatten. Von allen Seiten fiel ein dichter Hagel von Faustschlägen auf die Jünger des Weingottes herab, aber diese kämpften wie Löwen und wollten in ihrem spirituösen Muthe auch den ganz passiven Fenstern den Krieg erklären, so daß die Hauseigentümer aus Besorgnis vor Schaden die Fensterladen zu schließen begannen.«

Nach zehn Minuten kam die Militär-Patrouille und führte die Trunkenbolde ins Stadtpolizeigefängnis ab. Noch herrschten die Preußen!

Karneval fiel in diesem Jahr gerade recht. Am 2. März war Weiberfastnacht – seit einer Woche gab es Nachrichten von der Revolution in Paris. Noch war in Preußen alles ruhig... Die »Allgemeine« und die »Große Carnevals-Gesellschaft« hatten sich in Köln versöhnend die Hände gereicht; sie planten einen gemeinsamen Zug. Dennoch lag Spannung in der Luft. Am 3. März gab es eine große Demonstration in der Domstadt, organisiert u.a. von Andreas Gottschalk: Von der St. Johanniskirche in der Severinstraße marschierten mehrere Tausend Handwerksgesellen in Sonntagskleidung Richtung Rathaus. Gottschalk trat hervor und verlangte, den Bürgermeister zu sprechen – schließlich hielt er eine Rede vor dem versammelten Gemeinderat, in der er allgemeines Wahlrecht, allgemeine Wählbarkeit, Pressefreiheit, Volksbewaffnung und das Vereinigungsrecht verlangte. Der Gemeinderat wollte verhandeln, zauderte... während die Menschenmenge auf dem Platz immer offensiver wurde. Sie stürmte schließlich das Rathaus. Die Herren verdrückten sich. Einer sprang aus dem Fenster und brach sich die Beine. Alles ging drunter und drüber. Gegen 23.00 Uhr wurde das Rathaus dann von den Militärs geräumt. Am nächsten Morgen verhafteten die Soldaten Gottschalk und Annecke – Willich hatten sie schon am Vortag festgenommen.

Selbst das in der Samstags-Ausgabe der konservativen »Kölnischen Zeitung« veröffentlichte Gedicht »Nur nicht ängstlich« sollte wohl zur Tat aufmuntern:

> »Hanswurst ist niemals ängstlich,
> Wenn gleich der Sturm bricht los
> Und alle Vesten zittern
> Die Großen Unrath wittern,
> Lebt er im Freudenschooß.
>
> ...

Der Narrheit Licht entflamme
Erleuchte uns mit Rath,
Wenn Bosheit gräbet Gruben,
So hockt nicht in den Stuben,
Auf schreitet rasch zur That.

Wir wollen Narren spielen,
Wenn auch die Erde bebt,
Und wenn wir Possen treiben
Und närr'sche Verse schreiben,
Der Ernst doch in uns lebt.«

Am Karnevalssonntag standen in den Zeitungen die kurz zuvor erlassenen polizeilichen »Bekanntmachungen, die Carnevals-Lustbarkeiten betreffend«:

Die Maskeraden auf den Straßen und öffentlichen Plätzen sind bloß an den drei Faschingstagen ... erlaubt.

Verboten sind jedoch alle Maskeraden, welche gegen die Religion und guten Sitten anstößig, für Gegenstände der öffentlichen Achtung und für obrigkeitliche und Privat-Personen beleidigend sind.

Ebenso ist es den maskierten Personen untersagt, auf den Straßen, Bällen, Redouten oder Tanzböden bewaffnet zu erscheinen ... oder sonst auf irgend eine Weise die Ruhe zu stören.

»Alle verlarvten Individuen«, die sich auf öffentlichen Straßen zeigen wollen, müssen vorher bei der Armenverwaltung für drei Silbergroschen eine Erlaubniskarte kaufen...

Gravierend war auch ein Verbot »zur Verhütung von Unglücksfällen«: Es durften keine »für Zuschauer bestimmte Gerüste auf dem Neumarkte oder an den Straßen« aufgestellt werden.

Gleich unter dieser »Bekanntmachung« plazierte man den Hinweis auf geltende Bestimmungen des Strafgesetzbuches: Demnach war es auch an Karnevalstagen verboten, »Steine oder sonstige harte Körper oder Unrath gegen fremde Häuser oder Einschließungen oder in Gärten oder eingeschlossene Räume« zu werfen. Bestraft wird auch, wer »harte Körper oder Unrath von freien Stücken auf Jemanden« schleudert. Womit die guten Bürger damals alles rechnen mußten?!

Die Konstitutionellen kommentierten nach den Festtagen erleichtert: Alles sei »äußerst ruhig« geblieben. So hatte sich nur das Normale abgespielt? Die Polizei wurde verhöhnt, es gab närrische Demonstrationen gegen Kölner Großbürger, Steine flogen, im Rathaus gingen die Fenster zu Bruch...

Viele 1848er Karnevalisten verbrachten die nächste Fastnacht im Kerker oder im Exil. Wie es zunächst weiterging? In Berlin rebellierte das Volk am 18. März. Im Rheinland zwei Tage später. Der König mußte nachgeben – das »Frankfurter Vorparlament« wurde einberufen. Er tagte in den ersten Apriltagen – zaudernd.

Daraufhin ruft Hecker in Konstanz die »Badische Republik« aus – Regierungstruppen unterdrücken die Erhebungen...

DIE GROSSE MASKERADE IN CÖLN A.o. 1848.

Am 18. März wird die verfassunggebende Nationalversammlung in der Paulskirche eröffnet. Der Kölner Abgeordnete heißt Franz Raveaux. Er tritt für die allgemeine Volksbewaffnung ein, stimmt gegen die konstitutionelle Monarchie, nimmt an der Revolution in Baden teil und wird schließlich von einem Kölner Gericht in Abwesenheit »wegen Complotts zum Umsturz der bestehenden Regierungen und zur Bewaffnung der Bürger gegen dieselben« zum Tode verurteilt. Raveaux starb am 13. September 1851 in seinem belgischen Exil – nicht ohne vorher noch eine Anzahl Karnevalsstücke und Lieder an seine Kölner Freunde geschickt zu haben.

Im Dezember 1848 geht die Republik in ihre letzte Etappe. Der liberale Verfassungsentwurf droht geändert zu werden ... Alles umsonst! In dieser Spannung finden die Karnevalsvorbereitungen statt. Rosenmontag ist am 19. Februar.

In einer kurzen Notiz berichtete – post festum – die konservative Kölnische Zeitung am 27.2.1849 über die »Schattenseite« des diesjährigen Karnevals: Nach Abhaltung des Montags-Zuges habe sich »die niedrigste Volksklasse... auf den öffentlichen Straßen und Plätzen des Festes bemächtigt und es bis zu Ende beherrscht«:

»Wir sind Zeuge von Darstellungen gewesen, die jeder Sittlichkeit Hohn sprechen. Das Bewerfen mit Koth, das Besudeln mit in Gassen herumgeschleppten Lumpen nahm der Art zu, daß man sich oft nicht zu flüchten wußte. Einzelne Masken liefen umher und warfen mit rother Farbe um sich, andere hatten dieselbe angefeuchtet und beschmierten oder begossen damit die Vorübergehenden. Auf der Hochstraße, in der Nähe der Vier-Winden, hatte sich eine Rotte aufgestellt, welche, mit Stöcke versehen, jeden Spießruthen laufen ließ, welcher nicht den Hut abziehen oder den Regenschirm schließen wollte. Wehe dcnen, die sich dieser pöbelhaften Herrschaft widersetzen wollten! Wir sahen Männer, welche bemüht waren, die

Ordnung herzustellen oder Frechheiten abzuwehren, den schändlichsten und fürchterlichsten Mißhandlungen Preis gegeben. Nicht allein begnügte sich der Pöbel mit der Herrschaft auf der Straße; ganze Banden verfolgten hülflose Weiber bis unter die Dächer der Häuser, andere drangen in die von Männern verlassenen Wohnungen, verscheuchten die Frauen, überfielen die Tafeln und zertrümmerten, was sie nicht verschlingen konnten; wieder andere drangen in die Wirtshäuser, nahmen Getränke in Massen und entfernten sich unter wüstem Geschrei, ohne zu bezahlen ...«

Warum das Volk wohl so aufgebracht war? Seit zwei Monaten waren die Hoffnungen auf eine demokratische Wende zerschlagen. Die Polizei beherrschte wieder das Feld. Am Karnevalssamstag hatte das Kölner Zuchtpolizeigericht den großen Demokraten und Karnevalisten *Gottfried Kinkel* wegen Verleumdung der preußischen Garnison zu einem Monat Gefängnis verurteilt. Kinkel hatte in Bonn die erstarrten Verhältnisse zum Tanzen gebracht.

Die Bonner Szene

Gehen wir zunächst ein paar Jahre zurück. Nicht weit, denn in der Universitätsstadt waren bis 1843 alle karnevalistischen Veranstaltungen verboten. Kinkel war 28, Prediger und Professor für Theologie. Im Mai '43 heiratete er die um fünf Jahre ältere, sehr sensible und kluge Johanna. Der »Maikäferbund«, den beide 1840 begründeten, schuf Kontakte u.a. zu dem Spätromantiker, Volkskundler und Demokraten *Karl Simrock*.

In seinem »Bürgerlied« tritt Kinkel 1843 noch ganz gemäßigt auf:

> »Nicht zur Lust allein sind wir verbunden,
> Nicht für eine kurze Faschingszeit...«

Karl Simrock forderte – allerdings fünf Jahre später – kaum verhüllt nicht nur die Bürgervereinigung, sondern den politischen Umsturz. Wenn er ihn auch für unwahrscheinlich hielt:

> »Tilgt die Tisch-Aristokraten,
> Wenn sie um Pardon auch flehten;
> Fort mit: Rostbeef, Wurst und Braten,
> Beffsteak, Fisch, Ragout, Pasteten! ...
>
> Auf's Bestehende einzuhauen,
> Zeigt sich so der Deutsche tapfer;
> Denn er ist ein Held – im Kauen,
> Held, – als Sprecher, wie als Zapfer.«

Kinkel war der Bonner Karneval 1848 zum letzten Mal vergönnt. Wieso er ein Jahr später verhindert war, wissen wir bereits. Er kämpfte, um zu retten, was noch zu retten war. Die Wahlen vom 15. Januar 1849 gründeten zwar auf einer oktroyierten Verfassung mit Dreiklassentrennung, doch reden und schreiben (in seiner »Neuen Bonner Zeitung«) war nicht verboten. Im Wahlbezirk setzte sich Kinkel durch: Er wurde Mitglied der Zweiten Kammer des Berliner Ständeparlaments. Dort schwor er, »den Geist, den Hunger, die Not, das Proletariat und den Zorn des Volkes« in den Kampf zu führen. Wie bald sollte er dazu Gelegenheit bekommen! Am 27. April wurde die zweite Preußische Kammer aufgelöst, Gottfried Kinkel kehrte nach Bonn zurück. 14 Tage später mobilisierten die Demokraten – von Elberfeld bis Baden: Man wollte die Einigung des Reiches und die Errichtung der Republik. Überall fanden Versammlungen statt, die Nachrichten überstürzten sich: In Elberfeld wurde bereits gekämpft. Da entschlossen sich die Bonner zum Sturm auf das Siegburger Zeughaus – um sich Waffen zu besorgen. Nun, die Einzelheiten kann man überall nachlesen: Das Unternehmen scheiterte, Kinkel reiste nach Elberfeld, dann zu den Aufständischen in Baden, wurde verwundet, festgenommen, verurteilt. Von seinem Freund und Mitstreiter Carl Schurz befreit, floh er nach England, Johanna folgte ihm. Er besuchte Amerika usw. usw. Seine Odyssee endete, als er Professor für Kunstgeschichte in Zürich wurde, wo er 67jährig starb.

Verdruß in Trier

Köln und Bonn sind durchaus nicht die einzigen Hochburgen des politischen Karnevals im Rheinland. Auch in Koblenz, Mainz, Düsseldorf, Aachen und Trier war einiges los.

In Mainz waren *Franz Zitz* (1803-1877) und *Ludwig Kalisch* (1814-1882) besonders aktiv – in der Politik wie im Karneval. Zitz, 1843 und 1844 Präsident des MCV, ein Feuerkopf, 1847 in die zweite Kammer des hessischen Landtages gewählt und – wie Raveaux – Abgeordneter der Frankfurter Nationalversammlung, mußte 1849 nach Amerika emigrieren, weil er im Pfälzer Aufstand eine wesentliche Rolle gespielt hatte. Von Kalisch ist mehr bekannt: Er war politischer Schriftsteller (»Das Buch der Narrheit«, Mainz 1847; »Der Demokrat« (Hrsg.) Mainz 1848/49) und Redakteur der nicht nur in Mainz gelesenen Karnevalszeitung »Narrhalla«.

In Mainz gab es 1848 nur einen Karneval auf kleiner Flamme; die meisten Veranstaltungen, auch der Zug, wurden abgesagt – in Erwartung der politischen Revolution. 1849 gingen die Mainzer Karnevalisten in den Untergrund: Der MCV verschwand von der Bühne – der »Souveräne Club« übernahm die Tradition und tagte – angesichts der politischen Verhältnisse – meist hinter verschlossenen Türen. Erst ab 1855 fanden wieder Sitzungen des MCV statt. Ich will auf die Einzelheiten der politischen und karnevalistischen Szene in Mainz nicht weiter eingehen – es gibt darüber leicht zugängliche Quellen und Sekundärbearbeitungen – sondern in die Provinz, nach Trier, abschwenken. Und dies auch nur kurz.

1847 hatten sich die fortschrittlichen Gecken hier in einer Gesellschaft zusammengeschlossen, die sich »Verdruß« nannte. Führender Kopf des Vereins wurde der Zigarrenfabrikant *Andreas Tont* (1816-1859).

> Laut Steckbrief: Größe 5 Fuß, 4 Zoll, Haare dunkelbraun, Stirn oval, Augen blau, Nase dick, Mund klein, Kinn rund, Bart braun, Gesichtsfarbe gesund. Tonts Reklame: »Proletarier-Cigaretten mit hervorragend demokratischem Geschmack, die den Hang zur Anarchie fördern.« Ob Franz Raveaux, der in Köln auf der Hohestraße 77 einen Tabakladen besaß, von Tont beliefert wurde, habe ich nicht feststellen können.

Die Anerkennung des Vereins durch die preußische Obrigkeit ließ lange auf sich warten – so konnte die Versammlung zur Wahl des närrischen Vorstandes erst zum 3. Februar 1848 einberufen werden: »Aufgepaßt, mitbürgerliche Narren, daß kein Philister im Narrenkleide sich einschleiche!«

Am 1. März, man hatte gerade erst vom Umsturz in Paris erfahren, erschien in der Trier'schen Zeitung (als Anzeige) und im Trier'schen Intelligenzblatt (als Leitartikel) ein hintergründig-humoristischer Kommentar: Die Geburt des Carneval. Von dem Knäblein, das eben »nach vielen Krämpfen und Zuckungen, nach manchem Ach und Weh« geboren wurde, kennt man den Vater nicht, doch dürfte er niemand anders sein, »als der auf der Durchreise nach Amerika seit längerer Zeit incognito hier verweilende Herr Frohsinn. Das Knäblein thut nämlich seit dem ersten Atemzuge nichts anderes als Lachen, Singen und – Trinken ...«.

Am 8.3.1848, Aschermittwoch, war für die Trierer der Karneval noch nicht zu Ende. Die Gemeindeversammlung verlangte an diesem Tag vom preußischen König die Pressefreiheit, das Versammlungs- und Petitionsrecht sowie ein demokratisch gewähltes Parlament. Ab Mitte März kam es zu blutigen Auseinandersetzungen zwischen Republikanern und den Vertretern der Obrigkeit, Barrikaden wurden gebaut ... Bei den Wahlen zum 1. Mai wurden nur demokratische Wahlmänner gewählt – nicht ein Konstitutioneller! Als am 2. Mai ein sächsisches Regiment in Trier eintraf, wurde es mit Steinen und Gewehrschüssen begrüßt. An vorderster Front stand der damals 32jährige Andreas Tont; neben ihm kämpfte der Karnevalist *Theodor Gassen*. Gassen besaß eine Kneipe, in der sich ab Ende 1842 linke Trierer Bürger zu Diskussionen über Verfassungsfragen trafen. Unter anderen kam hierher auch der radikale Joseph Weydenmeyer, der vorher in Köln politisch aktiv war – ein enger Mitarbeiter von Karl Marx. Die aufständischen Trierer stellten eiserne Öfen in die Fenster, um damit die stürmenden Truppen zu empfangen. Der von den Preußen eingesetzte Oberbürgermeister Görtz flüchtete aus seinem Haus, um sich im Rathaus zu verschanzen.

Das Abenteuer ging nicht gut aus. Um sich der Gefangennahme zu entziehen, mußte Tont ins französische Exil. Von dort schrieb er an den Oberstaatsanwalt und fragte, wann er endlich »auf heimatlichen Boden« zurückkehren dürfe. Ihm fehle in Paris die Apanage, »um auf gewohntem großen Fuße und auf würdige Weise hier bleiben zu können«. Das Volk sei im übrigen »soweit zurück, daß es aufgehört hat, Prinzen von Geblüt zu respektieren...«. Aus »Paris im ersten Jahre des Heils und der Demokratie« – so verabschiedete sich Tont vom Vertreter der Obrigkeit: »Adam I., Prinz Carneval« (Trierer Volksblatt vom 11.6.1848).

Vorläufig mußte er noch im Exil ausharren. Am 5. August erhob das Kölner Appellationsgericht gegen Tont und 16 weitere Barrikadenbauer Anklage wegen »Aufruhrs und Attentats gegen die innere Sicherheit des Staates«. Erst am 29. Oktober erließ der preußische König eine Amnestie für die Trierer Demokraten – Tont konnte zurückkehren, um sich gleich wieder politisch zu betätigen: Er wurde – wie Kinkel – in die zweite Kammer des preußischen Ständeparlaments gewählt, von wo beide mit Ernst, Humor und Satire für die nun schon verlorene Sache der Republik stritten.

Karneval im Ausklang

Nach der Revolution von 1848/49 nahmen die Karnevalsvereine im Rheinland sprunghaft zu. Nicht weil es dort etwa lebhafter zuging, sondern um der Zensur zu entgehen. Die Aufsplitterung war ein »Mittel, der polizeilichen Bespitzelung durch Zurückgehen auf kleinere und kleinste Räume ein Schnippchen zu schlagen«. Doch paßten sich die meisten Vereine bald an. 1850 feierte die Kölner »Große Carnevals-Gesellschaft«, als wäre nichts geschehen. Die Narren der demokratischen »Allgemeinen« führten am Karnevalsdienstag ein tragikomisches Zeitgemälde auf: »Drei

Tage aus dem Leben zum roten Ochsen oder 1848, 1849 und 1850.« Den Text schickte aus seinem Exil – Franz Raveaux!

Ab 1851 fühlten sich die Kölner im Karneval »wie im Belagerungszustand«: Mehr Pickelhauben als Masken bevölkerten die Straßen. Den schmalen, von der Zensur erlaubten Spielraum konnte nur ausfüllen, wer mit der preußischen Obrigkeit zu kollaborieren bereit war. Für den echten Fastnachtsgecken ein Unding! Die Patrizier bestimmten also wieder das Geschehen – 20 Jahre lang. 1881 erinnerte die Kölner Narrenszene plötzlich wieder an die Zeit vor 40 Jahren. Oberbürgermeister war der »rote« Becker. In seiner Jugend hatte er häufig mit Kinkel verkehrt; man verdächtigte ihn als Kommunist, er war sogar im Gefängnis – nun gehörte er zur nationalliberalen Partei. Auf Beckers Initiative hin wurde die Stadt erweitert: die alten Mauern niedergerissen, die Vororte eingemeindet, Industrie angesiedelt. Die Bevölkerungszahlen wuchsen innerhalb weniger Jahre explosionsartig. Mit der Konsequenz oft elender Wohnverhältnisse. Die Not drückte sich auch im Karneval aus.

Ähnlich wie 1841 Peter Leven operierte 1881 *August Wilcke*. Als sich für ihn »zuviel Pöbel« in der »Großen Karnevalsgesellschaft« gesammelt hatte, legte er die Präsidentschaft (die er 1865 übernommen hatte) nieder und gründete mit seinen Anhängern die Kölner KG, die man bald, »in bewußter Frontstellung gegen die alte Große«, in die »Große Kölner KG« umtaufte. Wilcke und die Zentrumspresse warfen der traditionellen »Großen KG« vor, den ungehobelten Gassenkarneval zu protegieren und damit Trunkenheit und Unmoral zu fördern.

Die »Große KG« organisierte in den nächsten Jahren in gewohnter Weise den Rosenmontagszug; erst 1886 nahm hieran auch die konservative »Große Kölner KG« teil. Im folgenden Jahr, 1887, waren ausgerechnet auf den Rosenmontag, den 21. Februar, Reichstagswahlen angesetzt. Der Polizeipräsident verbot für diesen Tag sämtliche Umzüge. Als daraufhin auf einer Versammlung aller Kölner Karnevalsgesellschaften beschlossen wurde, in diesem Jahr den Zug ganz ausfallen zu lassen, witterten die »Großen Kölner« eine Chance: Wenn es ihnen gelingen würde, einen Umzug zu organisieren, dann könnten sie endlich zur wirklich »Großen Kölner KG« aufsteigen. Der Stadtrat unterstützte die Pläne der Karriere-Karnevalisten: Sie durften am Sonntag ihren Zug veranstalten. 1888 intervenierte der Stadtrat noch einmal: Gürzenich und Neumarkt würden nur freigegeben, wenn *ein* »festordnendes Komitee« gebildet würde. Wieder hatten die Narren eine Schlacht verloren! Im festordnenden Komitee gaben bald Großbürger und Geschäftsleute den Ton an.

Auch die Große KG etablierte sich mit den Jahren. Als sie 1899 aus dem traditionellen Viktoriasaal am Waidmarkt in das prächtige Gebäude der Kölner Bürgergesellschaft umzog, entzündete sich ein heftiger Konflikt: Die volksnahen Karnevalisten der Südstadt spalteten sich ab und gründeten die »Große Allgemeine Karnevalsgesellschaft, Köln«. Nun gab es drei

»Große«: die »Große KG«, die »Große Kölner KG« und die »Große Allgemeine KG, Köln«, von denen die letztere sich schon mit ihrem Namen
in die 48er Tradition stellte. Es rumorte weiter bei den Kölner Narren. In
Opposition zu den Zentralisierungstendenzen entwickelte sich in den Vororten und Stadtvierteln ein eigenständiges karnevalistisches Leben, das
sich jedoch der allgemeinen Entwicklung nie lange widersetzen konnte.
Die weitere Geschichte ist schnell berichtet. Während der letzten drei Jahre vor dem ersten Weltkrieg dirigierte der städtische Verkehrsverein kräftig
den Karneval. Die Eingemeindungen, durch die Köln zur Großstadt ge-

worden war, hatten die Festlichkeiten für Geschäftsleute interessant gemacht. Immer mehr Touristen kamen, die im Karneval vor allem was erleben wollten. Als die politische Zensur aufgehoben wurde, funktionierte die viel subtilere Zensur der Ökonomie bereits perfekt ... Wie schwach parodierten die Kölner am Ende des Ersten Weltkrieges die Nationalhymne der geschlagenen Preußen!

>>Heil dir im Siegerkranz,
Häss do de Botz noch janz?
Heil, Kaiser, dir!<<

Nach dem Krieg gab es keinen Rosenmontagszug mehr – bis 1928. Danach stand er unter den politischen Ereignissen der Zeit, mit denen sich die Karnevalisten aber kaum noch offensiv auseinandersetzten. Die Pionierrolle war ausgespielt. Man arrangierte sich – bald auch mit den Nationalsozialisten.

Anmerkungen

1   Max-Leo-Schwering, Freiheit der Narren – Narrenfreiheit. Oder was sonst? In: Werner Schäfke (Hrsg.), Der Name der Freiheit, Ergänzungsband, Köln 1988, S. 119-130.
2   Stefanie Poley, Unter der Maske des Narren, Stuttgart 1981.
     Constantin von Barloewen, Clown. Zur Phänomenologie des Stolperns, Königstein/Ts. 1981.

Max-Leo Schwering

Freiheit der Narren –
Narrenfreiheit!
Karneval im Nationalsozialismus.

Man hat verschiedentlich versucht, für die Zeit nach dem Jahr 1933 die Kölner Fastnacht in die Rolle von »Widerstand« hineinzumanövrieren. Als Paradebeispiel von Mut, Aufmucken galt der 27. Mai 1935. Die Kölner Karnevalisten machten damals Front gegen die Einverleibung unter die Organisation »Kraft durch Freude« und den »Kölner Verkehrsverein«. Hier sollten sie gleichgeschaltet werden. Als »Hort bürgerlicher Freiheiten« pries man das Volksfest lauthals an. Aber wie verkürzt wurde da »Freiheit« interpretiert. Denn die galt doch nirgendwo mehr. Die Eigeninteressen des Kölner Karnevals waren tangiert, von daher wehte der Wind.

Im Kölner Rosenmontagszug gab es Wagen mit Judenhetze. Auch sonst war man nicht gerade zimperlich im Darstellen von Anliegen der neuen, schrecklichen Herrschaft. Es arrangierten sich Büttenredner, Krätzchenssänger – Willi Ostermann und Karl Berbuer nicht ausgenommen. Aus der überlieferten männlichen »Jungfrau« wurde im Sinne nazistischer Einschätzung nun wirklich eine Frau. Karneval im Dritten Reich – zahm und angepaßt. Das Liebedienern nahm fast groteske Formen an. »Entsprechend

Man gedachte des Führers
Wagenentwurf für den Rosenmontagszug 1935

75

Kölner Rosenmontagszug 1938

„Huhe Besuch"

Idee und Zusammenstellung: Pinkelkämper — Entwürfe der Wagen: Floh-Rian. — Gesamtbauleitung des Zuges: Adolf aus dem Böhmerwald, der grösste Baumeister aller Zeiten. — Leitung des Rosenmontagszuges: Josef, der siesige Propagandazwerg.

Der Auftakt

Vortrab: Gruppe Klumpfuss-Indianer a la Göbbels.
Herolde: Skelette mit Schildern: «Hoch der Vierjahresplan!» «Wir ernähren uns von Kanonen!»

1. Wagen: «Benito der Achs — ionär».
Vortrab: Makkaroni — Züchter zü Pferd.
Fussvolk: Kastanienbrater — Gipsfigurenhändler, Südtiroler.
Beschreibung: Römischer Triumphwagen, von zwei Pleitegeiern gezogen. Darauf: Benito, nur aus einem aufgerissenen Maul auf zwei Beinen bestehend, über sich eine kalte *Dutsche.* Aufschrift: *Abessinien.*
Gefolge: Wüstensöhne und Wechselreiter.

2. Wagen: «Rheinisches Windser — Fest».
Vortrab: Ritter vom Damenhosenband — Orden, tragen ein Spruchband «Walli soit qui mal y pense».
Fussvolk: englisch Heftpflaster, Jam-Dosen, Windhunde.
Beschreibung: Auf einem Pferd mit englischem Löwenkopf, von dem er immer wieder runterfällt, sitzt *David Windsor.* Ein Frauenarm, der aus einem Tunnel herausragt hält ihn mit einem völlig verwirrten Garnknäuel gefangen. Auf dem Tunnel steht: *«Eingang zum Simpson — Tunnel.»* Um den hängenden Reiter in rechtwinklicher Verbeugung: Des Dritten Reiches Würdenträger.
Umschrift des Wagens: «Schade, dass der Junge David heisst.»
Gefolge: Lebende Modejournale, überelegante Herren, mit Schild: (Modell: «Prince of Wales»). Verhungerte Bergarbeiter mit Schild: (Kumpels of Wales.)

3. Wagen: «Do lecker Delb — Os» oder «Raum ist in der kleinsten Hütte».
Vortrab: Cagoulards, Schilder tragend: *«Heil CSAR», «Nieder mit uns Franzosen»,* Einige tragen Maschinengewehre mit der Aufschrift: *«Made in Germany».*
Fussvolk: Französische Käsemarken: «Tardieudamer», «La Bosch qui rit», «Rod de la Rocquefort».

Beschreibung: Ein deutscher Generalstäbler in voller Ausrüstung, winkt Delbos, der im Zivil ist, mit dem Händchen. Spruchband aus seinem geöffneten Munde: «Komm in meine Liebeslaube.» Diese ist von Waffen und Mannschaften, die gegen Sicht gedeckt sind, umgeben. Darauf steht gross: *Isolierzelle.*
Gefolge: Eifelturm und Ausstellungsgebäude. Hierbei: Das Sowjetpaar vom UdSSR — Pavillion knickt dem Nazi-Adler die Flügel.

4. Wagen: «Mach keine Halifaxen».
Vortrab: Englische «Lord»-Zigaretten.
Fussvolk: Kricketspieler — Fussballspieler — City-Männer im Gehrock.
Beschreibung: Ein Bergschloss, daneben Ortschild: «Berchtesgaden, Adolfshütte.» Davor: ein langer Lord, mit unnahbarer Miene. Hält seine rechte Hand geneigt, lässig vor sich. Adolf kniet vor ihm und küsst die Hand. Im Hintergrund eine Alm, auf der Bergblumen in sinniger Anordnung das Sprüchlein bilden: «Gott strafe England.»
Gefolge: «Times»leser, mit grossen Blättern vor sich und dunklen Binden vor den Augen.

5. Wagen: «Wells do am Balkan erbe, Kreech en de Fott de Serbe.»
Vortrab: Jugoslavische Hilfstruppen; Zigeunerhafte Reiter, ein Schild tragend: «Einst nannte man uns Hammeldiebe, heut fressen sie uns auf vor Liebe.»
Fussvolk: Terroristen mit Revolver, Handgranaten und Hakenkreuzfahnen.
Beschreibung: Strasse mit reichem Schmuck; Strassenschild: «Kleine-Stojadino — Witsch Gasse.» Sehr orientalisch aussehender Herr mit langem Gehrock, unter den eine Menge Würdenträger gekrochen sind. Von den ersten sieht man nur die schwebenden Füsse, von den letzten den Unterkörper. Umschrift des Wagens: «Nur nicht drängeln, es kommt jeder rein.»
Gefolge: Ehrenjungfrau mit Schild: «Tod den Slaven, aber hoch die Jugoslaven.»

6. Wagen: «Zu Besuch, mein lieber Schatz, Heute kommt der Herr Ersatz.»
Vortrab: Kanonen mit herausragenden Geschossen, darauf steht: «Kräftiger als Butter!»

Fussvolk: Bürger in Ersatzkleidung: Blühende Wollstra-Anzüge mit Blättchen, Vistra-Hemden mit Notausgang usw.

Beschreibung: An einem Herd, der aus einem kleinen Mörser gebildet ist, steht die deutsche Hausfrau in der Natur — Schilf — Schürze, Neben ihr, auf dem Tisch, ten, aus einer Militärtragbahre besteht, befinden sich anstelle Eier — Eierhandgranaten, eine Büchse mit Gewehr-Fett, in der Pfanne liegt eine fette Zeitungs-Ente. Vor ihr steht in Kanonenrohren statt Stiefeln, einer Militärzeltbahn statt Mantel, mit einer Granathülse als Kopfbedeckung der Herr Ersatz und sagt: «Man muss sich nur zu helfen wissen.»

Gefolge: Schmerbäuchige Viejahresplanverdiener mit Orden.

7. Wagen: «*Watt es vill schlimmer wie ne Jüdd?*
Wenn d'r Milchleistungsprüfer kütt.»

Vortrab: Gruppe «Landführer» — dicke Schweine — Gruppe «Halve Hahn» Schild: «Für mich reicht et Foder nit.»

Fussvolk: Erbhofgesetz — Enterbte, zerlumpte Bauernschar.

Beschreibung: Ein verfallener Bauernhof; davor, als Giebelschmuck: zwei gekreuzte Pleitegeier mit Hoheitsabzeichen. Kühe, Hühner, Bauern in voller Flucht. Im Stall: eine ängstlich um sich blickende Kuh hat unter dem Leib statt eines Euters einen Messapparat mit grossem Hakenkreuz. Im Vordergrund: Milchleistungsprüfer in SS-Uniform, trägt in seiner rechten Hand ein Milchmass, in seiner linken eine grosse Sammelbüchse.

Gefolge: Die Maul- und Klauenseuche, Verhungertes und aufgetriebenes Vieh, teils mit Verbänden um Kopf und Klauen, ~~Schlachtmessern~~ im Nacken.

daß wir hier in Flammen aufgehen - verdanken wir dem FÜHRER

8. Wagen: (Wagen des Prinzen Karneval)
«*Besuch der verhindert werden muss.*»

Vortrab: Die Prinzengarde, in bekannter schwarzer Uniform, als Kokarde: Totenschädel mit gekreuzten Knochen.

Fussvolk: Männer vom Arbeitsdienst: Gerippe mit Schippe.

Beschreibung: Deutschland, aus vielen Brücken, Bergen, Fabriken, Kirchen und Häusern gebildet, ein Flammenmeer. Darüber, im prächtigen, goldstrotzenden Narrenkostüm, als Prinz Karneval: der — *Krieg.* Darunter ein Spruchband: «Dass wir hier in Flammen aufgehn, verdanken wir dem Führer.»

Gefolge: Witwen und Waisen.

Bömmelsdorfer Anzeigen

Oeffentliche Danksagung

Herrn Steuerdirektor Esch, Düsseldorf sei für die gemeinnützige Verwendung der mit seinen drei Freunden unterschlagenen 1,350,000 Mk. an dieser Stelle herzlichst gedankt.

Verein der Kabaret-, Tanzbar- und
Bordelbesitzer, Bezirk Niederrhein.

Warnung

Hiermit warne ich bei Androhung schwerster Körperverletzung, Jeden mich mit dem Schimpfwort «Schriftleiter» zu belegen. Ich verdiene mein Brot ehrlicher und anständiger.

Louis Stenz,
langjähriger Zuhälter.

Stellengesuche

In rheinischer Grosstadt nicht zu anstrengender Posten gesucht, auf dem man sich mühelos bereichern und seinen pecversen Neigungen nachgehen kann.

Riesen,
Oberbürgermeister a.D.

Wünsche geregelte Tätigkeit da ich dieses beschäftigungslose Leben und langweilige Kassieren der Diäten satt habe. Wer will mich? Er kann mich.

V. Lenzer,
Reichstagsmitglied.

Nicht vollbeschäftigt. Drei Vorstandsmitglieder der Deutz Motorenwerke mit einem Jahreseinkommen von nur 170,000 Mk. suchen, da nicht vollbeschäftigt, noch anderweitig in Vorstanden gewinnbringende Arbeit. Angebote unter: «Mein Nutz geht vor Dein Nutz.»

Suche Aufnahme in Umschulungslager. Wurde von den Bauern in der Umgebung von Daun Eitel bei der Durchführung der Milchleistungsprüfung schwer verprügelt. Möchte einen weniger gefährlichen Beruf erlernen.

Walter Seuchenträger.

Fettleibige als Reichsminister gesucht.

Alte Kämpfer, jetzt zwangsweise in der Knochen- und Lumpen-Verwertungs-A.G. beschäftigt, suchen die versprochene Arbeit.

Ich erhalte meine Lebens-**Kraft durch Freude** am Saufen auf Arbeiterkosten. Jeder Interessent erhält kostenlos mein Buch «Lerne Leyden ohne zu klagen». Für die, die damit zufrieden sind ist es **der gerechte Lohn.**

Unserer werten Kundschaft zur gefl. Kenntnis, dass wir in ihrem eigenen gesundheitlichen Interesse kein frisches Brot mehr verkaufen dürfen, da die Bestandteile Kleie und Baumrinde in warmem Zustand nur ein Saumagen verdaut.

Kriegswirtschaft-Bäckerinnung.

Bekanntmachung

Da seit der Einführung deutscher Werkstoffe die Hunde Stoffballen mit Bindfaden verwechseln, ist es strengstens verboten, Hunde mit in die Betriebe oder Geschäfte zu bringen. Im gegenteiligen Falle wird arbeitet werden herab. Jagen.

Rheinische Industrie-
und Handelskammer.

Der kugelsichere Führerwagen

Allen Diktatoren zum Schutze vor der Begeisterung ihrer Völker empfohlen. Freiheits-Windschutzscheibe, Auswechselbare Achse.
(Deutsche, italienische, japanische Patente.)

Mercedes-Benz

Notleidender Industrieller möchte seinen «Mercedes» oder ev. seinen «Horch» gegen Motorzacht mit eingebauter Sekbar eintauschen. Angebote unter: «Gemeinnutz».

Milchleistungsprüfer

liefert preiswert Maul- und Klauenseuche frei Haus. Einmaliger Besuch genügt. Wirkung nach acht Tagen garantiert.

Gez. Darré.

Warenhaus

wünscht zwecks Vergrösserung mit Kapitalist (nur rein Arier oder mindestens 500,000 Mk. Einlage) in Verbindung zu treten. Angebote unter: «Mittelstandstod 1938».

Wer tauscht Kanonen gegen Futtermittel?

Reinrassige Legehühner, die sich wegen Futtermittelknappheit selbst beköstigen können, zu kaufen gesucht.

Rheinische Bauernschaft.

Zur Brechung der Zinsknechtschaft werden immer noch starke Männer gesucht. Wollen sich melden bei Kleingewerbe und N. Täuscht.

Herausgeber: Für den Festausschuss des Kölner Karnevals e. V.: Thomas Liessem und Carl Umbreit. Verantwortlicher Schriftleiter: Hansjörg Klöckner. Für Anzeigen verantwortlich: Hermann Nagelschmidt, alle in Köln. Verlag der Kölner Rosenmontagzeitung, Köln, Kreuzgasse, Köln. Druck: Gauverlag der NSDAP. «Westdeutscher Beobachter», Köln. — Auflage: 130,000.

Se kriege uns nit, se kriege uns nit, se kriege uns nit kapott ...

einem Wunsche höherer Regierungs- und Wehrmachtsstellen wurden rein militärische Bezeichnungen 1939 im Kölner Karneval abgeschafft. Also nichts mehr vom jecken Leutnant oder Hauptmann und wie die Titulaturen auch heißen mochten, die übrigens nach dem Krieg wieder üblich wurden. Auch manch kölscher Fastelovendspräsident verstieg sich zu opportunistischen Kapriolen: Dem Absingen des Horst-Wessel-Liedes zu Beginn einer Sitzung mit »Deutschem Gruß«. Man fühlte sich »als eine einzig große Gemeinschaft« und »gedachte des Führers«. »Die aktiven offiziellen Vertreter des Kölner Karnevals waren zwar nicht bereit, die organisatorische Gleichschaltung des Karnevals hinzunehmen, sie setzten jedoch andererseits den zahlosen direkten und indirekten inhaltlichen nationalsozialistischen Einflüssen auf das Festgeschehen keinen bedeutenden Widerstand entgegen. Die wenigen kritischen Äußerungen im Karneval gegenüber den Nationalsozialisten werden oft als Beispiel dafür angeführt, daß der Karneval ein Ventil gegenüber dem von der NSDAP ausgeübten Druck gewesen sei. Die Beurteilung dieses von den Karnevalisten gern herausgestellten Widerstandes birgt jedoch gewisse Widersprüchlichkeiten und Schwierigkeiten in sich. Die närrische Kritik bezog sich oftmals nur auf systemimmanente Querelen, und zwar zum Teil derart harmlos, daß sie von den Machthabern noch geduldet wurden. Auch die kritischen Karnevalisten stimmten nicht selten partiell mit den Nationalsozialisten überein: Man hatte gleiche Feinde und verfolgte dieselben Ziele. Außerdem ist es aus heutiger Sicht nicht einfach festzustellen, ob die kritischen Anspielungen als solche verstanden wurden und ob die Popularität der widerspenstigen Karnevalisten wegen ihrer unerschrockenen Haltung bestand oder wegen ihrer ansprechenden humoristischen Vortragsart. Insgesamt waren die opponierenden Äußerungen im Karneval ohne weitreichende Wirkung, was jedoch den persönlichen mutigen Einsatz der betreffenden Karnevalisten nicht abwertete.« Das sind sehr harsche Passagen aus einer wissenschaftlichen Arbeit über »Karneval im Dritten Reich unter besonderer Berücksichtigung der Stadt Köln«. (Schwienhorst-Meier, I., Karneval im Dritten Reich unter besonderer Berücksichtigung der Stadt Köln, Ms, Berlin 1983).

Immerhin kamen im Rosenmontagszug anno 1933 noch genug krittelnde Töne aufs Tapet. Da ging es um den Skandal der Müllverwertung, um kulturpolitische Miseren, die hohen Steuerlasten. Noch durften sich die Narren hören und sehen lassen, ohne daß man ihnen ganz und gar das Maul verbunden hätte. Dies politische Räuspern war ja auch nicht mit existentieller Gefahr für Leib oder Leben verbunden. Erst recht ging die Institution Karneval keinerlei Risiken ein. Dampf ablassen an den Zuständen der Weimarer Republik war damals nichts Besonderes. Das Meckern daran gehörte zum guten Ton – so unverantwortlich und schrill auch bisweilen diese Töne waren. Doch die eigentlichen Gefahren wurden kaum zur Kenntnis genommen. Die kamen vor allem aus der nationalistisch-völkischen Ecke. Gewalt und Terror – davon konnte man damals schon hören, sehen. Und nicht unschuldig daran waren, m.E., desgleichen kommunistische Rabauken.

Der Kölner Karneval nahm vom drohenden Freiheitsverlust nirgendwo Notiz. Josef Klersch meinte dazu: »Die unselige Revolution von 1933 ging selbst am Karneval nicht spurlos vorüber. Die in der Fastnacht verkörperte Freiheit war ihrem Wesen zuwider, mußte doch die totalitäre Idee das Bestreben haben, den Karneval sich einzuordnen und dienstbar zu machen.« Ganz gewiß brach das »Dritte Reich« mitsamt seiner Schreckensherrschaft nicht wie eine unabänderliche Naturkatastrophe über die jecken Zeitgenossen (und nicht nur sie!) herein. Widerstand gegen eine sich furchtbar dreist ausbreitende politische Unkultur wäre wohl zeitiger vonnöten gewesen.

So ließ man sich dann täuschen, übertölpeln und schließlich »gleichschalten«. Auch der Karneval wurde schuldig an dem, was jetzt geschah, wo er doch eigentlich »Narrenfreiheit« hätte praktizieren, proklamieren müssen. Büttenreden, Rosenmontagszüge, Karnevalszeitungen boten weitgehend stramme Übereinstimmung mit der nationalsozialistischen Politik. Da gab es sicher einen »politischen« Karneval. Aber einen recht einäugigen. Daran änderte auch die sogenannte »Narrenrevolution« vom Mai 1935 nicht viel. Thomas Liessem hatte dabei einer neuen Organisationsform durch die Nationalsozialisten eine klare, für damalige Verhältnisse auch sicherlich mutige Abfuhr erteilt. Allerdings war ausschließlich die Eigenständigkeit des Kölner Karnevals in Gefahr. Die Inhalte standen nie zur Diskussion. Geist der Narrenfreiheit da zu bekennen, wäre möglicherweise einem Selbstmord gleichgekommen. So ließ sich dann der Kölner Mummenschanz vor den ideologischen Nazikarren spannen, weil die braune Diktatur bereits fest im Sattel saß. Ganz ungeniert übrigens. Das Winterhilfswerk (WHW), die Förderung des Kolonialgedankens, Remilitarisierung der Rheinlande, Aufrüstung und vieles mehr zieht unverdrossen, unverblümt am Zugbetrachter vorüber. Nur wenige wagen sich bei der allgemeinen, manchmal geradezu widerlichen Anbiederung aus der Deckung. Unter ihnen der Büttenredner Karl Küpper. Nach dem »Heimtückegesetz« kam er vor den Kadi eines Sondergerichtes und erhielt Redeverbot. Das »Gesetz gegen heimtückische Angriffe auf Staat und Partei und zum Schutz der Parteiuniform vom 20.12.1934« bedrohte alle kritischen Äußerungen gegen das NS-Regime mit drakonischen Strafen.

Die »Veedelszöch« entpuppten sich als noch anfälliger für alles, was aus der Propagandaküche jener fatalen Jahre kam.

Schrille Töne kamen nur von jenseits der Grenze, aus noch sicherem Port. Vielleicht von Holland her. Ins Kölner närrische Geschehen flatterte von dort anno 1937 eine Fastnachtspostille, die wirklich kein Blatt vor den Mund nahm. Spott und Hohn goß man darin über die braunen Machthaber, deckte ihre Untaten auf.

Wir wollen hier nicht im nachhinein den Fastnachtsoberen aus jenen Tagen die Leviten lesen. Das wäre sicher ungerecht und unhistorisch dazu. Nur sollte man klarstellen, daß es den vielbeschworenen wie hochgelobten »Widerstand« der Kölner Jecken, ihren Freiheitsanspruch gegenüber einem totalitären System, nicht gab. Liegt dem nicht ebenso ein Veränderungsprozeß in der Einschätzung von »Narrenfreiheit« zugrunde?

Es scheint, als habe diese ihre – im Unterschied zum Mittelalter und der frühen Neuzeit – seit dem vergangenen Jahrhundert kritische Funktion weitgehend eingebüßt. »An dieser Entwicklung hat ganz entschieden die zunehmende Demokratisierung der Gesellschaft und die mit ihr gewordene bürgerliche Offenheit Anteil. Kritik kann heute effektiver auf anderen gesellschaftlichen Ebenen artikuliert werden. Konflikte werden im parlamentarisch-demokratischen Raum ausgetragen. Sie sind da sozusagen ›institutionalisiert‹, erübrigen die Ventilfunktion des Karnevals... Auch heute ist das Selbstverständnis der Karnevalisten, wie es sich in den Vereinsstatuten manifestiert, eigentlich durch ein völliges Fehlen politischer Ambitionen gekennzeichnet. Man widmet sich vielmehr der Pflege karnevalistischer Traditionen, Geselligkeit und Humor. Dabei ist man bestrebt, allen Mitmenschen während der Session von der Last des Alltags befreite Stunden zu bereiten, in denen man in geselliger Runde Entspannung findet.« (Schwienhorst-Meier).

Und natürlich sind da vielerlei Abhängigkeiten. Die öffentliche Hand spendiert Zuschüsse, und schnell sind die Firmen zur Stelle. Karneval gerät in die Fänge von Kommerz, Reklame – in die Bredouille, dieser oder jener Partei das Wort zu reden. Freiheit wird da leicht um der Reputation wegen verspielt und verkauft!

So scheint das Imago des Fastelovend als Ventil kecker Sprüche getrübt oder erst gar nicht mehr existent. Ein Sprachrohr von »Freiheit« – mitnichten. Solche Funktion fällt auch immer mehr den Medien zu. Der Presse, dem Funk, dem Fernsehen. Bürgerinitiativen engagieren sich da vehement und beileibe nicht unter der Narrenkappe. Die Jecken üben sich in Toleranz. Nur keinen Knies mit irgendwelchen »Oberen«: »Allen Freud und niemand Leid« heißt die Devise seit langem. Eine Illusion von »heiler Welt« also. Ein Sichflüchten aus der Alltagsmisere.

Das Fazit: Karneval, Fastnacht, Fastelovend hat demnach nur bedingt mit »Bürgerfreiheit« zu tun. Bitte keinen Popanz, als wenn es anders wäre. Hier nämlich liegt der fatale Trugschluß. Vielleicht gibt es noch in den »tollen Tagen« ein temporäres »Freisein« – egal, was man dann darunter versteht.

So müssen sich die Kölner Jecken gefallen lassen, »als viel zu brav getadelt« zu werden. »Ein bißchen Widerstand und Kritik sei gefordert« (Jan Brügelmann). Aber ist das nicht vergebliche Liebesmüh? Vielleicht hat der ehemalige Festkomiteepräsident Bernd Assenmacher auf der Prinzenproklamation 1987 die Wirklichkeit konkreter eingeschätzt, als er sinngemäß

»träumte«: Bundeskanzler Helmut Kohl sei Festkomiteepräsident geworden und dann gezwungen, sehr viel vorsichtiger mit Worten umzugehen,
seine öffentlichen Äußerungen sozusagen auf die Waagschale zu legen.
Narrenfreiheit also nur mit Maßen und im verborgenen Hinterstübchen.

Klatschmarsch.

Blue Jeans mit EK I.

Plädoyer für den politischen Karneval.

»Spiegel«-Gespräch aus dem Jahr 1958 zwischen dem Kabarettisten Wolfgang Neuss und Thomas Liessem, dem damaligen Vorsitzenden Bund Deutscher Karneval.

Neuss: Herr Liessem, Sie persönlich sind ein sehr witziger, humorvoller Kölner.

Liessem: Vielen Dank für die Blumen.

Aber Sie kommen gar nicht dazu, witzig zu sein. Sie kommen gar nicht dazu, humorvoll zu sein, weil Sie ja nur organisieren. Organisieren Sie nicht ein bißchen zuviel, so daß die Leute...

Herr Neuss...

... erst dadurch drauf kommen, vorfabrizierten Humor zu verlangen?

Nein.

Ich meine, der Humor des einzelnen geht doch völlig flöten bei so 'ner Massen-Alaaf-Schreierei. Seien wir ehrlich: Man muß sich das ganze Jahr verkleiden und verstellen – also: Schlips umbinden, Schuhe putzen, Scheitel ziehen, schwitzen, schachern, schuften, man muß lachen über Witze von Vorgesetzten oder anderen Respektpersonen, über Theaterstücke, weil man im Abonnement ist, über Kabarett, weil man bezahlt hat, über Filme, weil man vielleicht selber mitspielt; man muß trinken, weil die Lohntüte voll ist...

Sondervorstellung von Herrn Neuss.

... weil man Geschäftsfreunde hat oder vielleicht wegen des Finanzamtes – soll ja auch vorkommen –, man muß den ganzen Rummel der Konjunktur mitmachen, weil man sonst selbst zu kurz kommt – und dann kommen diese drei Tage, weswegen man das ganze Jahr hindurch Karneval macht: Man kann das anziehen, was man am liebsten sein ganzes Leben anhaben möchte; man muß nicht erst trinken, um in Stimmung zu kommen; man braucht nicht da zu lachen, wo andere lachen – man kann sich einfach drei Tage lang erlauben, ohne Zwangsjacke zu leben. Das ist Karneval. Das wäre Karneval. Alles andere ist doch absoluter Rummel. Alles andere ist dasselbe wie in den amerikanischen Wahlen zum Beispiel. Ich meine, die meisten Leute schreien ja nicht »I like Ike«, weil sie Ike wirklich liken, sondern weil ihnen der Spruch so gefällt, der spricht sich so leicht: » I like Ike.« Und so ist es im Kölner Karneval geworden, da schreien sie Alaaf, das ist nun so eingebürgert, aber von den Leuten selbst kommt das nicht. Stimmt's?

Nee, das stimmt nicht.

Sie haben einmal gesagt: »Den Kölner Karneval halten wir aus der Politik raus.« Das ist genau das Gegenteil vom Karneval. Der Karneval muß politisch sein. Die Leute müssen hier einfach sagen, was ihnen nicht paßt.

Politisch in diesem Sinne werden wir immer bleiben. Wir werden die Politik zu jeder Zeit anfassen, wo sich uns eine Angriffsfläche bietet. Das zeigt Ihnen allein schon unser Entwurf zum Rosenmontagszug.

Das zeigt Ihnen...

Das meine ich nicht. Ich meine, der einzelne Mann, der rausgeht auf die Straße und seine Witze in die Gegend brüllt oder seinem Nachbarn erzählt, dem er sie sonst nie erzählt... Ich könnte mir vorstellen, wenn ich in Köln geboren wäre und die rheinische Fröhlichkeit statt Lebertran schon bekommen hätte von Anfang an, daß ich an meine Blue Jeans mein EK I machen würde und damit über die Straße gehen würde. Wer darüber nicht lacht, muß ja nicht. Ich persönlich amüsiere mich darüber, daß ich so dusselig war und im Graben gelegen habe.

Das ist natürlich eine persönliche Auffassung...

Ich kann nur nicht lachen, wenn da einer, der sich »Doof Nuß« nennt, auf die Bühne in die Bütt geht und sagt: »Gestern bin ich von der Walze überfahren worden, da war ich aber platt.« Tata! Tata! Tata!

Ja, hurra, Alaaf!

Helau, Herr Liessem. Helau!

Unerkannt im Aufzug fahren.

Gisbert Brovot erzählt.

Den Gorbatschow des Kölner Karnevals haben sie ihn genannt – als
Reformpräsident möchte er in die Geschichte des organisierten Frohsinns eingehen: Gisbert Brovot, Jahrgang 1928, Architekt im Hauptberuf,
sitzt seit 1989 dem Festkomitee des Kölner Karnevals von 1823 e.V. vor.
Seit über 30 Jahren gehört er dem Traditionskorps der Roten Funken an,
1969 war er Prinz.

Angefangen habe ich mit drei, vier Jahren in Mutters Selbstgeschneider-
tem als Pierrot, mit weiß geschminktem Gesicht. Solange ich mich erinnern kann war es die Freude an der Maske, die mich gefesselt hat. Als ich
einundzwanzig war, ging der erste Rosenmontagszug nach dem Krieg. Die
Kostüme waren ärmlich und erbärmlich, aber sie waren bunt und fetzig,
die Gesichter farbig. Wir haben uns damals so maskiert, daß man sein Gegenüber erst in den frühen Morgenstunden erkennen konnte, und ein anderer zu sein für eine Nacht oder für ein paar Tage, das war die Faszination,
die mich heute noch packt. Manchmal schlüpfe ich während der Session
aus dem Frack des Festkomiteepräsidenten heraus und kostümiere mich
so, daß ich nicht erkannt werde, und wenn ich dann zum Beispiel mit ganz
bekannten Leuten im Aufzug fahre und die sich über mich unterhalten und
wissen nicht, daß ich daneben stehe, das macht mir Spaß.

*Gibt es denn sonst noch Grund zum Spaß, wenn sie den Zustand des orga-
nisierten Karnevals betrachten?*

**Macht der organisierte
Karneval Spaß?**
Gisbert Brovot

Wir haben ja einen guten Bestand, das sind die seit langen Jahren existierenden Gesellschaften, die werden flankiert von unzähligen kleinen Vereinen, Kegel- und Thekenclubs, die wir ja in den Veedelszöch bewundern können. Viele von denen sind auch Mitglied in den großen Gesellschaften und wirken dort hinein. Da kommen dann Impulse von unten aus der Bevölkerung, aus den Vierteln, das dirigiert keiner, das wächst ganz von selbst.

Sind sie da nicht zu optimistisch? Ich habe mehr den Eindruck, daß die Schere zwischen dem Volkskarneval und Ihrem repräsentativen immer weiter auseinander geht. Eigentlich hat das doch kaum noch etwas miteinander zu tun.

Im Grunde genommen gebe ich Ihnen insofern recht, als die Klammer vom organisierten Karneval nach unten nicht greift, deshalb lassen wir gerade unsere Darstellung nach außen untersuchen und prüfen, wie wir uns bei der breiten Bevölkerung besser reflektieren können.

Aber das ist doch keine Imagefrage, der offizielle Karneval muß sich ändern. Oder man trennt das Ganze in den kommerziellen Karneval im Gürzenich und den Volkskarneval auf der Straße.

Nein, wir leben vom Volkskarneval, und wenn wir uns beispielsweise Weiberfastnacht oder am Elften im Elften auf dem Altermarkt oder dem Wilhelmsplatz nicht in einer sich vergnügenden Menschenmenge baden könnten, wäre das furchtbar. Bei den aktuellen Veränderungen geht es auch nicht nur um PR-Maßnahmen. Daß wir jetzt zum Beispiel zwei jüngere Frauen in unseren Vorstand aufgenommen haben, hat uns viele Stimmen von jungen Leuten eingebracht, die sich nun endlich in diesem Gremium vertreten fühlen.

Was können sie denn vom Volkskarneval lernen, von den kleinen Vereinen, den jungen Leuten in Pfarrgemeinden, von der Stunksitzung – die interessiert ja alle überhaupt nicht, was im Festkomitee passiert?

Lernen können wir Spontaneität und Ideenreichtum. Wenn diese Gruppen Erfolg haben und Besucher bei ihren Veranstaltungen, dann kann man das nicht einfach übersehen, und die Stunksitzung zum Beispiel hat ja Wirkung. Sie karikieren uns dort zum Teil sehr meisterhaft und trefflich. Das hat eine bestimmte Berechtigung und deshalb werde ich auch den alternativen Karneval und sein Umfeld im Auge behalten, besuchen und studieren.

Werden Sie im Hinblick auf politische Satire oder die Kunst der Persiflage auch daraus lernen?

Die Umsetzung der Persiflage in politischer Richtung ist ein schwerer, aber bleibender Anspruch. Der Rosenmontagszug hat da einfach die Verpflichtung, politisch aktuelle Dinge zu karikieren, auch zu kritisieren, das ist in der Vergangenheit nicht immer deutlich geworden. Dies zu ändern ist für die nächsten Jahre mein erklärtes Ziel. Wir müssen bissiger werden, auch im Sitzungskarneval. Ich wünsche mir, daß wir bald wieder Reden haben, die Klasse haben, wie wir sie in den fünfziger Jahren haben hören können. Wo politische Satire ihre Urstände feierte, wo gedroschen wurde und auch ein kabarettistischer Beihau da war.

Stehen da nicht die vielfältigen Verflechtungen des Karnevals mit Wirtschaft, Verwaltung und Politik dieser Stadt allen Veränderungen im Wege?

Sicher gibt es die Zwänge politischer, finanzieller und wirtschaftlicher Art. Der Rosenmontagszug ist eben ein Millionending, das will vorbereitet und durchgeführt und das will verdient werden. Wenn dann am Tage des Zuges Millionen am Rande stehen und ihn beklatschen – gerade dieses Jahr hätte es keine bessere Bestätigung geben können –, zeigt sich, daß wir auch ein großes Bedürfnis befriedigen. Man will den Karneval so wie er ist, und was die Macken betrifft, die sind a la longue auch zu bewältigen.

Wie könnte denn der Karneval in zehn, fünfzehn Jahren aussehen?

Es könnte zum Beispiel eine Festkomiteepräsidentin geben, das muß möglich sein. Ich würde den Sitzungskarneval gerne komplett kostümiert sehen, man kann ja die Veranstaltungen mit großer Garderobe mehr an den Anfang der Session legen, aber die Zeit der Kostümierung von nur einer Woche zwischen Weiberfastnacht und Aschermittwoch ist mir zu wenig.

Befürchten sie nicht, daß der Karneval irgendwann untergeht?

Nein, ich kenne Lieder und Reden, Aufrufe und Appelle aus der Zeit vor zehn, zwanzig, dreißig Jahren. Die sagten, daß nun der Karneval endgültig am Ende sei, Weltuntergang. Doch es hat immer wieder eine Erneuerung aus sich heraus gegeben, das hat mit der Geschichte Kölns zu tun. Es ist eine Stadt des klassischen Mittelstandes, wir finden ja hier von früher her keine Fürsten, und die es mal sein wollten, die Bischöfe, wurden von den Handwerkern und den Zünften vor die Tore gejagt. Die Macht des handwerklichen Mittelstandes der Zünfte hat sich bis heute unmerklich in dieser mittleren Schicht weitergetragen. Wir machen unser Köln und unseren Karneval selbst. Wir lassen ihn weder aus der Retorte machen, wir lassen ihn nicht prognostizieren, nicht konstruieren, wir machen ihn selbst.

Jürgen Becker

Schäl gegen Tünnes.
Wieviel Satire braucht der Karneval?

Wir dürfen uns nichts vormachen: Der Kleinkünstler ist eigentlich nichts anderes als ein Büttenredner mit Abitur.

Sicher, es gab schon Büttenredner, da hat noch keiner an Kabarett gedacht – ich möchte sogar sagen, daß der Karneval der Geburtshelfer des deutschen Kabaretts ist. Deswegen ist Köln zum Beispiel sowohl Kabarett-Hauptstadt wie auch Karnevals-Hochburg. Hier wohnen nicht nur Elke Heidenreich, Richard Rogler, Heinrich Pachl oder Hanns Dieter Hüsch, sondern eben auch Tünnes und Schäl und die Doof Noss, um nur jeweils einige zu nennen. Ohne die jahrhundertelange Tradition der Karnevalisten wäre das Pflänzchen Kabarett längst wieder vertrocknet und verdröscht. Man kann sagen, die Narren waren der Humus. Hört man ja auch. Humor kommt ja von Humus. Der Humurist!

Der Karneval ist der Kompost des Kabaretts. Jetzt hat sich das natürlich in unterschiedliche Richtungen entwickelt, und das ist politisch interessant: Kabarett im weitesten Sinne ist immer links. Rechtes Kabarett gibt es nicht. Umgekehrt gibt es kaum einen linken Karneval. Die Büttenrede ist das wertkonservative Gegenüber der kabarettistischen Kleinkunst. Und was die Qualität angeht, da hat der Karneval wahnsinnige Probleme bekommen. Soviel Zähne haben die meisten gar nicht mehr, wie man da zusammenbeißen muß, und das muß ja einen Grund haben. Meiner Meinung nach den, daß die Linke im Grunde nichts zu lachen hat. Alles bricht zusammen. Umso mehr hat sie schon immer den Humor gepflegt – in Form des Kabaretts.

Die Rechte hingegen fühlte sich seit jeher im Recht – daher der Name. Sie ist an der Macht und hat gut lachen. Der Humor als selbstkritisches Element ist ihr fremd, daher eben auch kein rechtes Kabarett. Man lacht lieber über Schwule, Neger, Frauen, Türken und natürlich über Helmut Kohl, als Obrigkeitsneutrum.

Doch ich möchte hier trotzdem ein Plädoyer für den Karneval halten. Wenn er gut läuft, hat er etwas, was dem Kabarett oft fehlt: Tünnes-Elemente. Wolfgang Oelsner und Rainer Rudolph haben in ihrem Buch »Karneval ohne Maske« (Köln 1987) die Bedeutung der Tünnes- und Schäl-Elemente hervorragend beschrieben:

Der Tünnes ist das Gegenüber vom Schäl. Der Schäl ist ein Verstandes-Mensch, er äußert seine Absicht nicht direkt und frei heraus, sondern er versucht, seine Absicht mit List, Hinterhältigkeit und Kalkül durchzusetzen. Er hat viel zu meckern, findet immer ein Haar in der Suppe und ist

89

dabei ein Meister der Verstellung. Der Schäl strebt dabei aber nach Anerkennung als Kulturmensch. Kabarettisten und Kleinkünstler haben häufig diese Schäl-Elemente im Blut.

Der Tünnes hingegen ist der Derbe, der Ursprüngliche, der das Sinnenhafte im Menschen darstellt. Unvoreingenommen, ungezwungen und gutmütig. Der Tünnes ist stets auf die Befriedigung seiner unmittelbaren Bedürfnisse aus. »Jommer irsch ens e Bier drinke.« Im Gegensatz zum Schäl ist der Tünnes ein Triebmensch, oder einfacher: ein Gemütsmensch.

Beide sind ausgeprägte Charakterköpfe, die es in reiner Ausschließlichkeit nicht gibt. Keiner ist ganz Tünnes oder nur Schäl, denn ohne den Schäl kann der Tünnes nicht leben. So ähnlich ist es auch mit Kabarett und Karneval – der eine hat, was dem anderen fehlt.

Aber, was nicht ist, kann ja noch werden...

Richard Rogler

Was ist eigentlich der Kölner Karneval?

*S*eit 1977 wohne ich nun in Köln am Rhein. Seitdem habe ich als Zuge-
reister immer wieder versucht, mich dem Kölner Karneval zu nähern.
*Ist der Karneval historisch zu begreifen, ist er einem Außenstehenden
überhaupt zu erklären, oder ist der Karneval eine Glaubensfrage, ein Lebensgefühl, nach dem Prinzip: Entweder man hat's oder man hat's nicht?
Den letzten Versuch, den Karneval, oder wie der Kölner sagt, »die fünfte
Jahreszeit«, rational zu begreifen, unternahm ich im Januar 1989. Seinerzeit führte ich ein öffentliches Gespräch mit dem bekannten Karnevalspräsidenten Herrn Jürgen Becker.*

*Rogler: Neben mir sitzt nun der Herr Becker, Herr Becker ist Gründungs-
präsident der »Poller Mohrenköpp von 1910«, Leiter des Festausschusses*

Sie sind nicht aus Köln?
Richard Rogler während der
»Mitternachtsspitzen« im
Gespräch mit Jürgen Becker

91

der Bickendorfer Karnevalsgesellschaft »Ledige Jungs e.V.«, Geschäfts-
führer der Stiftung »Jugend in die Bütt«.

Herr Becker, vom Anspruch her ist Karneval ein Lusterlebnis: Gefühle, in-
nere Spannungen werden frei, ein Effekt, den Aristoteles und später Freud
als »Katharsis« bezeichneten. Fürchten aber nicht gerade Sie als Jugend-
betreuer, daß aufgrund der hohen Jugendarbeitslosigkeit besonders die
Nachwuchskarnevalisten entweder über die Stränge schlagen oder gar im
Bier ersaufen?

Becker: Sie sind nicht aus Köln, Herr Rogler?

Nein, aus Selb.

Ach, das liegt bei Lübeck da oben.

Nein, in Oberfranken.

Ja, da können Sie jetzt nichts dafür, aber dann ist ja für Sie folgendes interessant:

Die Zugaufstellung für den Kölner Rosenmontagszug ist ja in der Jan-Van-
Werth-Straße. Und diese Jan-van-Werth-Straße ist ja benannt nach dem
Reitercorps Jan-van-Werth, und das wiederum ist ja benannt nach Jan van
Werth, aber das spielt jetzt keine Rolle. Der Zugweg verläuft jedenfalls
Unter Sachsenhausen Richtung Dom und geht da direkt vorbei am Excel-
sior Hotel Ernst, ein Vier-Sterne-Hotel, Herr Rogler. Jetzt hat aber dieses
Jahr hinten am Rheinufer das Maritim-Hotel eröffnet, ein Fünf-Sterne-Ho-
tel, das liegt jetzt direkt nicht am traditionellen Zugweg, aber das müssen
Sie verstehen, Herr Rogler, da kostet das Einzelzimmer schnell 400 Mark
die Nacht, und wenn jetzt ein Gast, nur mal angenommen aus Lübeck, sich
da ein Zimmer nimmt, dann kann der von einer Metropole wie Köln natürlich schon erwarten, daß der Zug bei ihm am Fenster dann da unten auch
vorbeigeht.

Kurzum, Herr Rogler, wir müssen dieses Jahr erstmalig mit dem Rosenmontagszug durch den Rheinufertunnel.

Warum ist der Karneval in Köln zu Hause? Hängt das historisch mit der
französischen Besatzung zusammen, oder liegt das mehr an der Mentalität
des Rheinländers? Ich frag deshalb, Herr Becker, weil der Außenstehende
fragt sich ja immer wieder zu Recht: Warum kein Karneval, sagen wir mal
in Salzgitter?

Am St.-Ursula-Kloster, Herr Rogler, das können Sie jetzt nicht wissen –
da wo heute die Paketpost nebendran ist – da stand 1822/1823 das Wein-
häuschen »An St.-Ursula«. Das war die Gründungsstätte des Kölner Karnevals, und – da haben Sie an sich recht – da müßte normal natürlich der
Zug vorbeigehen, aber da müssen Sie Verständnis haben, wegen der neuen
Gleise für die IC-Züge und die S-Bahn ist das heute nicht mehr reell, das
ändert aber nichts an der Tatsache, daß damals 1822 der spätere Regie-

rungspräsident Heinrich von Wittgenstein den folgenschweren Satz gesagt hat: »Jeder Jeck ist anders!«

Und dadurch wurde der Kölner Karneval nach den mageren Jahren der französischen Besatzung überhaupt erst möglich. Und jetzt nehmen Sie mal zum Vergleich – und da wird's interessant – die Stadt Lübeck: Erstens hatte Lübeck keine französische Besatzung, zweitens liegt Lübeck nicht im Rheinland, und deshalb kann drittens dieser Satz dort überhaupt nicht gefallen sein. Die Auswirkungen sieht man bis heute: Der Lübecker kennt keinen Karneval und ist auch mentalitätsmäßig mit dem Kölner überhaupt nicht zu vergleichen. Der Lübecker ist, wollen wir mal sagen, trockener, um nicht zu sagen nüchterner – er ist, wie es die Jugend ausdrücken würde, er ist ganz anders drauf. Ich mein, ich kenne jetzt keinen Lübecker persönlich.

Herr Becker, ist für Sie persönlich der Karneval mehr die Zeit, wo der Mensch die inneren Gesichter, die er in der karnevalslosen Zeit verborgen in sich herumträgt, in Form der Maske nach außen kehrt, wobei der dazugehörige dialektische Vorgang der Demaskierung die Realität mit der Fiktion versöhnt, oder ist es mehr die Gemütlichkeit beim Bier?

Wenn die Frau nicht mitmacht, Herr Rogler, hat alles keinen Zweck. Nehmen Sie mal den gestrigen Tag. Da war um 11 Uhr Pressekonferenz mit dem Dreigestirn in den Reiterstuben vom Interconti, einem Drei-Sterne-Hotel. Anschließend kleiner Umtrunk, um 12 Uhr 30 hatten wir die Übergabe der neuen Bagagewagen bei Ford in Niehl. 17 Ford-Transit – die neuen Modelle mit der aerodynamischen Frontpartie, der schrägen Scheibe, alle mit Katalysator – um 14 Uhr war Sitzung des Festausschusses wegen der neuen Zugplanung – da wurde es interessant, weil die neuen Transits ermöglichen aufgrund der Katalysatoren eine neue Zugaufstellung. Wir können jetzt ein Bläsercorps beispielsweise direkt hinter einem Bagagewagen marschieren lassen, wegen der geringeren Schadstoffbelastung. 16 Uhr Kostümprobe in Ehrenfeld für die Herrensitzung Blau-Gold, um 18 Uhr war ich Schirmherr bei der Seniorensitzung in der Gartenstadt Nord, um 24 Uhr Dämmerschoppen. Herr Rogler, ich kann Ihnen sagen – ich war um 1 Uhr 30 zu Hause. Also, wenn da die Frau nicht mitmacht, hat alles keinen Zweck.

Herr Becker, man hört viel von Nachwuchssorgen...

Ach, wissen Sie, Herr Rogler, Sorgen haben wir alle. Lassen wir Schluß machen, ich muß wieder los. Ich habe Ihnen die Erstausstattung für den Kölner Karneval einmal mitgebracht, Narrenkappe und Orden unserer Gesellschaft, wenn ich Ihnen damit eine Freude machen kann, bitteschön, wußt ich doch. Die Sitzung, die Sie hier machen, gefällt mir übrigens auch gut, so mit Tischen und was zu trinken, ist nett gemacht. Ich wünsch Ihnen weiterhin viel Erfolg mit Ihren »Mitternachtswitzen«! Tschöö allerseits.

Diese Herren haben wir heute nicht mehr.

Narrenmangel in der Bütt.

Zu den unübersehbaren und jährlich aufs Neue beklagten Problemen des Kölner Sitzungskarnevals gehört der Mangel an guten Büttenrednern. Einen der Gründe dafür sehen die als sogenannte Literaten für die Förderung und Sichtung guter Redner Verantwortlichen darin, daß die großen Vereine für ihre Veranstaltungen am liebsten bereits etablierte Kräfte einkaufen.

Das Interview mit Fritz Breuer und Dieter Kasper führte Peter Meisenberg.

Eine Karnevalssitzung – Ablauf fünf Stunden – teilt sich in zwei Hälften. Eine erste Abteilung, dann kommt eine Pause, dann eine zweite Abteilung. So verläuft in Köln eine Karnevalssitzung.

Wenn man jetzt unsere Kräfte, die noch nicht so stark sind, sagen wir mal, wie die alten Hasen, in die erste Hälfte einer Sitzung einbauen würde – denn eine Sitzung steigert sich ja im Programm – wäre das eine gute Hilfe für uns.

Woran liegt denn der Mangel an guten Rednern?

Sagen wir mal so: Früher waren Leute hier in der Stadt, die in der Lage waren, pro Session fünf, sechs, vielleicht auch zehn gute Büttenreden zu schreiben, aber nicht das Talent besaßen, sie selbst vorzutragen. Das war sehr wertvoll. Damit konnten wir junge Menschen, die wirklich das Zeug zum Vortragen besaßen, bedienen, sie konnten sich eine der Reden aussuchen, die ihnen vielleicht auf den Leib geschrieben war. Und diese Herren haben wir leider Gottes heute nicht mehr. Das ist schade. Die sind teils verstorben, teils verzogen, weg. Und das Alter mag auch eine Rolle spielen, darum mögen sie vielleicht Köln verlassen haben... Mir waren so zwei, drei Herren bekannt, die das Jahr für Jahr schafften – und die haben wir nicht mehr.

Sind das nur Herren?

Die mir bekannt waren, waren Herren. Da war keine Dame bei.

Wer unterstützt Sie denn bei der Nachwuchsarbeit?

Wir haben gute Leute in unserem Mitarbeiterkreis. Da sind Ex-Karnevalisten drin, die früher selbst auf der Bühne gestanden haben, die auch die Erfahrung haben und auch noch das eine oder andere Krätzchen, also den Witz, parat haben, um eine Rede ein bißchen aufzupäppeln, zu ergänzen.

Aber das reicht bei weitem nicht aus. Auch derjenige, der sich bewirbt, muß etwas Material mitbringen. Er kann nicht mit drei Witzen, die man vielleicht schon einmal gehört hat, kommen und sagen: Ich bin ein Bütten-redner – und ist dann nach drei Minuten fertig mit seinem Vortrag, und den Rest müssen wir dann ergänzen aus unseren – sagen wir mal – geisti-gen Beständen, die vielleicht noch da sind.

Da fehlt es echt dran.

Und haben wir dann mal einen, der einen guten Vortrag von zehn Minuten über die Bühne bringt, hätten wir den dann gerne auch in der Kölschen Mundart – und da hapert es dann wieder.

Können die Leute denn kein Kölsch mehr?

Sie kommen teilweise vom Land. Und das Ländliche wird nicht so akzep-tiert in der Stadt. Obwohl man das eigentlich nicht so eng sehen sollte. Man hat schließlich Köln vergrößert auf fast eine Million Menschen. War-um sollen aus diesen eingemeindeten Vororten nicht auch Bewerber kom-men? Es sind ja in dem Sinne auch Kölner, nicht?

Kurt Rossa

Hört auf, den Kölner Karneval zu diffamieren!

Der Kölner Karneval hat tausend Gesichter. Wer Augen hat zu sehen, der erlebt dies auch. Karneval in Köln ist immer noch eine ungeheure Volksbewegung. Wer wollte das bestreiten!

Ich habe die Menschen am Orkan-Zug gesehen, Rosenmontag 1990. Zigtausende, die Stunde um Stunde ausharrten vor dem Dom, und zwar fröhlich, singend, schunkelnd, tanzend: Ich saß trocken und warm in der Reporterkabine des WDR. Und ich bin auch schon wie im Rausch und umjubelt im Rosenmontagszug mitgezogen – hoch auf dem blaugelben Wagen. Und zweimal in einem Dienstagszug. Und da waren bei herrlichem Winterwetter immer Hunderttausende in den Straßen. Wieviel Dienstagszüge, wieviel Sonntagszüge gehen eigentlich durch die City und durch die Vororte? Zwanzig, dreißig? Und wie unglaublich reich an Ideen und Einfällen sind doch die Schul- und Veedelszüge. Und wieviel Elan und Arbeit und Mühe und Geld stecken da nicht Tausende hinein, Vereine, Kegelclubs, Betriebsgemeinschaften, Schulen, Hausgemeinschaften, Sportler. Will man das nicht sehen?

...**trocken und warm in der Reporterkabine des WDR**
Kurt Rossa

Richtig ist allerdings, daß die im Festkomitee zusammengeschlossenen Karnevalsgesellschaften und die großen Gesellschaften in den eingemeindeten Gebieten, die nicht dazugehören, ganz Außerordentliches für das vaterstädtische Fest leisten. Ich bin immer wieder beeindruckt, wieviel Idealismus, wieviel Bürgergeist, wieviel Gemeinsinn sich in diesen Gesellschaften zu Gunsten des Karnevals mobilisiert. Gewiß, da gibt es auch Sponsoren, den großen Senat zum Beispiel, einzelne Firmen, auch Kölschbrauereien, die mithelfen – aber die buntesten Farben malen doch die Einzelnen, die Mitglieder, die Opfer bringen, Dienst machen, den Urlaub und die Freizeit opfern, um anderen eine Freude zu machen. Natürlich ist da manche Eitelkeit dabei – na und?

Denn das muß man doch auch einmal sagen: Vieles an den kölschen Festbräuchen ist nicht einmal lustig – insbesondere dann, wenn man das Protokoll der Veranstaltungen ohnehin kennt, oder wenn man es schon zigmal erlebt hat. Ich meine bei Sitzungen zum Beispiel die großen Aufzüge der Korps. Das ist nicht zum Lachen komisch – aber prachtvoll zum Ansehen. Und der Kölner ist eben auch ein Augenmensch – man sieht es an den Prozessionen und eben auch bei den großen Festen des Karnevals. Das sieht doch toll aus, wenn sich im Gürzenich, im hochdekorierten Saal, in dem tausend fröhliche, aufgeputzte oder närrisch kostümierte Jecken versammelt sind, die prachtvoll geschmückte Bühne mit herrlichen Männern füllt, die alle aus ihren roten, mehligen, blau-weißen, grün-gelben und was weiß ich aus welchen Jacken strahlen, Männer, die weiße Perücken tragen und Spitzenmanschetten, die Fahnen schwingen und unter Goldhelmen schwitzen. Das ist doch ein prachtvolles Bild der Lust und Lebensfreude – und alles aus eigener Tasche bezahlt für sich und für die anderen Jecken. Nur so. Aus Jux und Spaß an der Freud. Und dann gibt es eben auch etliche, die sich dabei einen Smoking überziehen oder ein festliches Abendkleid. Was soll's, wenn sie das mögen. In anderen Sälen tut es ein buntes Hemd oder ein Sonntagsanzug und eine Pappnase oder ein Mützchen.

Den Karneval gibt es in Wahrheit doch in allen Preisklassen. Im Zelt in Esch anders als im Saal in Stammheim oder in Porz. Beim gemütlichen Vogelsanger Männerchor in der Flora anders als beim stolzen Kölner Männergesangsverein, bei der Cäcilia Wolkenburg mit ihrem Divertissementchen, das jedes Jahr mehr als 20.000 Menschen in der Oper erleben. Nicht zu vergessen, Karneval im Hänneschen-Theater, wo Karneval zur Kunst wird. So viele Facetten!

Und wer noch nicht in der »Lachenden Sporthalle« war, wo sich sieben mal siebentausend Leute amüsieren wie Bolle, der kann gar nicht mitreden. Und das Biwak der Roten Funken auf dem Neumarkt, die Sitzung von Alt-Köln im Großzelt, die prächtigen Straßenveranstaltungen der Altstädter und der statzen Kerls um Jan und Griet – das ist doch alles, alles Volkskarneval.

Karneval ist immer noch eine gewaltige Volksbewegung. Und ein unglaublicher Wirtschaftsfaktor und immer noch eine Riesenwerbung für Köln. Und immer noch schaffen es die Karnevalisten, anders als die Sportler, den ganzen Zauber zu bezahlen, ohne sich Werbung auf die Klamotten nähen zu müssen und ohne als Litfaßsäulen herum zu laufen. Das mag sich ändern. Es scheint mir fast unausweichlich. Und ich hätte auch nichts dagegen, wenn sehr gewichtige Sponsorleistungen nur so dezent zu erkennen wären, wie es bei den Fahrzeugen von Ford und Fleischhauer oder bei den Traktoren von KHD gemacht wird. Die könnten ganz anders auftrumpfen lassen als Gegenleistung. Daß sie das bislang nicht verlangen, das verdient mehr Anerkennung.

Und daß die Ratsmitglieder der Stadt Köln sich jährlich einmal bemühen, dem Vorstand des Festkomitees ihre Macht und deren Abhängigkeit zu demonstrieren, das ist ein instinktloses Trauerspiel im Deckmantel des sparsamen Hausverwalters. Man sollte von ihnen mehr Achtung vor der persönlichen Leistung der Freizeitkarnevalisten erwarten. Die tun das alles nicht für sich. Die persönliche Leistung der geweihten Gewählten für den Karneval ist in der Regel minimal, und nichts im Vergleich zu der persönlichen Leistung der Karnevalisten. Und viele machen ihre Beteiligung an karnevalistischen Veranstaltungen – das weiß man in Köln auch – zur eigenen Politschau zwecks Gewinnung von Wählersympathien. Längst hätten die führenden Ratsmitglieder begreifen müssen, daß sich der Kölner Karneval für die Stadtkasse rechnet. Sie sollten es deshalb endlich sein lassen, das Festkomitee als Bittsteller antreten zu lassen. Dies ist eine Sache Kölns, und sie haben die Pflicht, sie zu fördern wie Sport- und Kulturveranstaltungen.

Immer wird es viele, auch Urkölner, geben, die sich dem Karneval entziehen, die ihn blöd finden. Die moderne Kunst finden auch viele blöd. Jeder Jeck ist anders. Dem Köln-Fremden oder dem Neukölner kann man nur einen Rat geben: sich auf den Karneval versuchsweise einzulassen, sich reinzustürzen, zu sehen, ob man es lustig findet. Wir hatten einmal eine Bekannte aus Nürnberg zu Besuch, die unbedingt einmal eine Sitzung miterleben wollte. Und weil wir sie zu einer Kostümsitzung eingeladen hatten, kam sie in einem flanellenen, pastelligen Ökokleid – oh Inbegriff fränkischer Ausgelassenheit! Meine Frau weigerte sich, sie dergestalt mit in den Gürzenich zu nehmen. Sie maß ihr etwas Ausgeflipptes an und setzte ihr ein funkelnd besticktes Damenschiffchen in die Frisur – was die ganz unmöglich fand. Hielt es aber auf und ging mit – stürzte sich hinein – und stand nach einer Stunde auf dem Stuhl.

Hinter mir saß dabei ein ernster Mensch. Der lachte nie und rauchte in dem dichten Gedränge flegelhafterweise vier Tabakspfeifen die Stunde: das stank in Nichtrauchernasen wie eine Mischung aus verbranntem Pferdehuf und Feigenduft. Das war an dem Abend dessen Spaß. Der wird wohl nicht noch einmal zu einer Sitzung gegangen sein. Macht auch nichts. Der war vielleicht weder ein Augenmensch noch ein Ohrenmensch, vielleicht nicht einmal eine Frohnatur! Sowas gibt's auch! Sogar in Kölle. Na und?

Zur Zukunft des Kölner Karnevals soll ich wohl auch etwas sagen: Ich wette, daß es bald eine weibliche Jungfrau im Dreigestirn geben wird. Und wenn die drei sich nicht mehr so verheizen lassen würden, dann könnte den Streß sogar eine sportlich untrainierte Frau aushalten. Alaaf!

Nachwort:

Und wenn sich Menschen finden, die einen alternativen Karneval machen wollen, einen linken, einen für Intellektuelle, einen für geistig ganz Hochstehende, einen für ganz, ganz Andere, einen Karneval mit E-Musik und Dichterlesungen, einen Karneval für Ernsthafte, für gereifte Erwachsene, die über Karnevalisten überhaupt nicht lachen können, ja dann sollen sie sich doch ihren Karneval machen! Doch! Darauf sind wir Unernsten ja direkt gespannt! Vielleicht hat der Regenbogen tatsächlich mehr als sieben Farben!

In diesem Sinne: Kölle Alaaf!

Bei den richtigen Leuten Erfolg haben.
Ein Streitgespräch.

Der hartnäckige Erfolg erweckt selbst in den Reihen der Stunksitzungs-Macher manchmal gemischte Gefühle – ein alternatives Karnevals-projekt auf dem Klatschmarsch zur Kölner Institution?

Martina Klinke: Für mich ist es nicht unproblematisch, daß die Stunksitzung so weite Kreise zieht, riesigen Erfolg hat und immer mehr Leute kommen. Im letzten Jahr hatte ich das Gefühl von Verwässerung. Von meinem Anspruch her ist die Stunksitzung etwas Besonderes – das ist sie sicherlich auch, aber sie soll auch politisch etwas darstellen. Wenn aber dann so ein Typ wie der Brovot in unserer Sitzung sitzt und sagt: »Das ist ganz toll, was die jungen Leute da machen!« – dann kriege ich einen Anfall. Dann weiß ich nicht, ob es das wirklich noch ist, was ich tun will, nur eine gute Show machen für ein ganz breites Spektrum, jeder geht raus und hat sich nur amüsiert. Ich will von der Stunksitzung noch mehr, nämlich Probleme oder politische Zusammenhänge, von mir aus schunkelnd, an die Leute bringen.

Gefühl von Verwässerung
Martina Klinke

Jürgen Becker: Aber so ist es doch nicht: Weil wir immer mehr Sitzungen machen wollen, weil wir ein breiteres Publikum erreichen wollen, weil wir mehr Geld damit verdienen wollen, machen wir das Programm zahmer, das ist Quatsch. Weder bewußt noch unbewußt ist das im Kopf. Es ist ein Spiegel von dem, was bei uns und dem Publikum passiert: eine gewisse gesamtgesellschaftliche Orientierungslosigkeit. Und außerdem: Du wirst kaum ein Kabarettprogramm in Deutschland finden, was jemand wie der Brovot nicht gut finden würde. Wir können doch mit der Stunksitzung zeigen, wogegen wir sind. Das ist doch überhaupt kein Problem. Damit provozieren wir aber niemanden mehr. Das Tolle an der Stunksitzung ist, daß Du zeigen kannst, wofür Du bist. Und das ist eine Möglichkeit, die Du sonst in der Kleinkunst nur ganz selten hast. Du kannst ein Faß aufmachen oder zeigen, wie das Leben sein kann. Das ist verbal nie hundertprozentig genau, aber Du kannst ein Gefühl vermitteln. Das ist für mich bei der Stunksitzung das wesentliche, für mich ist sie in der Idealform – das klappt mal mehr, mal weniger – eine Symbiose aus »Drei Tornados« und »Bläck Fööss« – nicht von jedem etwas, sondern beides hundertprozentig aufeinander geknallt. Einfach ein Lebensgefühl, ein kölsches Lebensgefühl, eine Gemütssache mit einer gewissen Rotzigkeit dabei.

Gesamtgesellschaftliche Orientierungslosigkeit
Jürgen Becker

Spaß und Anspruch – diese Mischung finde ich gut. Gerade die aber stimmte eben – jedenfalls im letzten Jahr – bei uns nicht mehr. Über diese Orientierungslosigkeit – sowohl bei uns als auch beim Publikum – habe ich viel nachgedacht. Der Eindruck, daß wir nicht wissen, wo wir eigentlich stehen, war für mich dieses Jahr zum ersten Mal sehr stark. Positiv finde ich das nicht.

Ich komme nochmal auf die »Drei Tornados« zurück. Ich empfand sie immer als Spiegel unserer Generation, eine lebende Alternative. Die haben ein Fest auf der Bühne gemacht und eine Dose Bier nach der anderen aufgeknallt, da war was los. Was da inhaltlich transportiert worden ist, war oft ganz platt – aber toll. Die haben Spaß dabei. Und genau das können wir auch machen, Stunksitzung ist eben kein Seminar. Was hängen bleibt, ist meiner Meinung nach folgendes: Das ist eine Gruppe von Leuten, die haben Spaß zu leben, die hauen aber auch drauf, wenn ihnen etwas stinkt, das ist der Eindruck, den Du mit nach Hause nimmst. Du gehst dann raus aus der Sitzung – schließlich ist ja Karneval – und gehst in die Kneipe. Und da leben tatsächlich alle Leute so ähnlich, wie Du dich dann fühlst. Ich glaube, wir wirken in dieser Stadt sehr ansteckend, das haben mir viele Leute immer wieder erzählt. Wir machen den Leuten Lust auf Karneval. Als wir anfingen mit der Stunksitzung, war Karneval für die Linke in Köln ein rotes Tuch. Das ist anders geworden. Und damit haben wir auch eine Menge zu tun.

Dabei frage ich mich allerdings manchmal, was dann noch von unserem Anspruch an einen anderen Karneval übrig bleibt, wo sind wir noch alternativ?

Karneval ist sehr vielfältig und wir sind ein Teil davon. Ich habe den Eindruck, wir können dieses Fest formen, wie wir Lust haben für uns, können doch machen, was wir wollen, und viele Ideen verwirklichen, die wir im Kopf haben. Es gibt keine Grenzen. Wir haben dieses Fest im Griff. Wir machen daraus, was wir wollen – und wir stecken die anderen Leute damit an. Und da stört es mich dann überhaupt nicht, wenn der Brovot das toll findet.

Mich stört es schon, dieses ganze Geschisse um diesen Mann geht mir auf den Geist. Plötzlich geht es nur noch darum: kommt er, kommt er nicht, was sagt er, was bringt der Express über seinen Besuch auf der Stunksitzung. Das nervt mich. Plötzlich sind wir in den Medien angesagt, alles ist nur noch begeistert über uns. Da mache ich mir meine Gedanken, in welche Richtung die Stunksitzung geht, was sie noch von dem hat, was mir am Anfang wichtig war? Natürlich finde ich den Erfolg toll, ich habe die Stunksitzung ja mit aufgebaut, aber ich will bei den richtigen Leuten Erfolg haben.

An der Theke mit vollem Kopp.
Der offizielle Karneval in der Kritik der Prunksitzunk.

Wolfgang Nitschke: Ich habe mit Karneval in dem Sinne nichts zu tun. Ich finde es allerdings ganz interessant, daß die Leute hier für ein paar Tage Ramba Zamba machen, aber ich habe in keiner Weise irgendwas mit diesen uniformierten Kackköppen zu tun, die da mit Buff-Tata durch die Gegend marschieren und dann irgendwelche dämlichen Witze erzählen auf ihren komischen Sitzungen für Herren, die sich in Rassismus und reaktionärer Politik ergießen. Vollkommen logisch, daß ich mich mit solchen Leuten überhaupt nicht an einen Tisch setze. Es gibt für mich immer noch genug Bekloppte, mit denen ich eben nicht rede. Wenn dann einer wie der Brovot sagt, daß es heutzutage keine Herrschenden mehr gibt, dann ist das für mich eben der Punkt, wo ich weiß, daß ich mit dem Mann nichts zu tun habe.

Wenn Jürgen Becker zum Beispiel Interesse hat, da überall mitzumischen, dann ist das o.k, er ist ein Unikum und maggelt – wie der Kölner eben maggelt – und zieht seine Informationen heraus und verwertet die auch sehr witzig. Das ist wieder eine andere Geschichte. So ein Typ bin ich überhaupt nicht. Ich habe auch nichts dagegen, daß jemand so was macht, aber ich würde mich dagegen wehren, wenn die »Prunksitzunk« plötzlich zu einem Bestandteil herrschaftlicher Kölner Kulturwerte würde. Da würde ich direkt sagen, ich mache eine dritte Sitzung. Habe ich nix mit zu tun.

Wilfried Schmickler: Ich bin auch überzeugter Karnevalsgegner. Diese Art und Weise von organisiertem Frohsinn und von Volksverblödung will ich nicht. Die Leute, die für den Karneval sind, haben auch alle dieses Rad ab: meine Vaterstadt, die stolze Stadt am Rhein, dieses wunderschöne Köln. Ich kann das wunderschöne Köln nicht sehen . Ich weiß, daß man hier gut leben kann, aber ansonsten ist das genauso eine westdeutsche Stadt wie Hamburg, Bremen und andere Städte, mit genau denselben Problemen, mit denselben Reaktionen, also angefangen vom Sinti/Roma-Problem, die hier auch nicht besser behandelt werden als irgendwo, bis hin zur Stadtplanung, zur Verkehrsführung. So hoch loben kann man diese Stadt nicht, wie sich der Kölner das so angewöhnt hat. Und als verbindendes Element zwischen den Linksextremen und den Rechtsextremen ist dann der Karneval und der Frohsinn – da sind wir alle unter diesem einen Hut – das finde ich ein ganz gefährliches Denken.

Heiner Kämmer: Ich wüßte gar nicht, warum wir uns mit den Köppen da oben zusammen setzen sollten, also sehe ich überhaupt keinen Grund, den

Brovot anzurufen und zu sagen: Ich möchte mal mit Dir ein Bier trinken gehen. Ich wüßte gar nicht, warum ich das machen sollte.

Wilfried Schmickler: Das ist die CDU-Clique, das ist das Kölner Großbürgertum, das den Karneval organisiert, und die macht Wagen, da steht drauf: »Taler, Taler, du mußt wandern«, und keiner kapiert, daß die alle verarschen.

Rich Schwab: Ich finde das im Gegensatz zu meinem Kollegen eine positive Seite der Kölner Mentalität, von Linksextrem bis Rechtsextrem im Karneval oder an der Theke im vollen Kopp, eben alle unter einen Hut zu kriegen, um zu beweisen, daß man schon miteinander leben kann, egal was jetzt der Einzelne denkt.

Wolfgang Nitschke: Aber wenn jemand »Ausländer raus!« an die Wand sprüht, stehe ich mit dem nicht in der Kneipe, mit dem will ich mich nicht verbrüdern, mit dem gehe ich auch nicht unter einen Hut, denen gebe ich Krach.

Wilfried Schmickler: Ich kann mit einem CDU-Mann oder mit einem gemäßigten Rechten zwar ein Bier trinken gehen, aber diese große Verbrüderung, daß sie alle im Frohsinn auf einmal gleich werden, das finde ich übel.

Rich Schwab: Das ist ja auch eine besondere Kunst des Kölners, man kann zusammen ein Bier trinken und Krach kriegen gleichzeitig.

Karneval ist im
Verein am schönsten.

Peter Meisenberg

Ahl Säu!
Kölns Künstlerkarneval in der Scheune

Ring de Bell, ring de Bell,
Mötze sin kein Kappe,
Un wer keine Stieve hätt,
der poppt met enem Schlappe.

Wer solches singt, und zwar mit Inbrunst singt, der verdient zu Recht keinen besseren Namen als »Ahl Säu«. Das kollektive Schmettern von Schmuddelliedern ist einer der Hauptprogrammpunkte des karnevalistischen Treibens der »Ahl Säu«, die sich, vornehmer, auch »Scheune e.V.« nennen. Wobei die »Scheune e.V.« der historische ältere Name ist. Erst seitdem ein Schweinheimer Zigarettenhändler namens »löstije Blos« auf den Bällen der Scheune erschien, einen großen, nur unvollständig abgenagten Schweineknochen in der Faust, rhythmisch aufs Parkett stampfte und dabei im gleichen Rhythmus und mit furchtbarer Stimme intonierte:

Aktiver Scheuner

Ahl Säu! Ahl, ahl Säu!
Ahl Säu! Ahl, ahl Säu,

bis daß der ganze Saal sich angesprochen fühlte und das Ballhaus fast zusammenbrach unter dem schrecklichen Kriegsruf aus tausend Kehlen, erst seitdem – Mitte der 50er Jahre – nannten sich die Scheune-Karnevalisten auch »Ahl Säu«.

Dreß im Karton, Dreß im Karton, Dreß im Karton.
Und wat noch mieh? En Blos Pipi!
Und wat noch mieh? En Blos Pipi.

Das Schmuddellieder-Repertoire der Scheune – nur echt mit dem Scheune-Wappen: zwei sich küssenden, aufrechtstehenden Schweinen, entworfen vom Kölner Maler Toni Mai –, galt lange als der Gral dieser Karnevalisten. In bloß kleiner Auflage gedruckt, wurde es nur an vertrauenswürdige Mitsinger weitergegeben, damit die sich gründlich auf die Gesänge der nächsten Session vorbereiten konnten. Doch fällt mittlerweile auch diese Geheimrezeptur lästerlicher Gesänge unter des »Sängers Fluch«:

Do schälen Brütchensbäcker, do Häufje Anjebrannts.
Do bess jo bloss drömm wödisch, weil do nit singe kannst!
Do doofe Schluffefänger, do Flumajor en gro,
Do Grosche Zuckerpuckel, do Lumpenkünning do!
Do Schmeck vum Dudewage, do blöde Prinzrabau,
Kumm nur nit durch de Löhrjass, mer schlonn dich schwarz un blau!

So ist der Liederpfuhl der Ahl Säu inzwischen gründlich geplündert und, wohl mit Recht, vor allem durch die Kunst der Bläck Fööss wieder zum Allgemeingut Kölner Brauchtums geworden.

Loß mer doch ens dat Leedche vum Kacke singe!

Zum Allgemeingut scheint allmählich auch ein weiteres, lange exklusiv behandeltes Betätigungsfeld der Scheune-Leute zu werden: ihr Rosenmontagszug. Mitte der 60er Jahre trafen sie sich erstmals zur Rosenmontags-  zugaufstellung am Gereonsdriesch, eine Gruppe überzeugter Jecken, nach *einem* Motto kostümiert, und marschieren bis heute als eigene Gruppe *vor* dem Rosenmontagszug, dabei natürlich ihre schmutzigen Lieder singend. Mal als »Alte Chinesen«; mal in einer blasphemischen »Kölschen Prozession«; als »Geister und Dämonen«; in Barockkostümen; ein Jahr später als Original-Piraten, eine Session darauf als Original-Indianer. Die Originalität der schon im Sommer geplanten Kostüme ist erhalten geblieben. Nicht aber die Exklusivität des Zochs vor dem Zoch. Zuerst waren es fünfzig, jetzt sind es vierhundert. Und vorbei ist es in solcher Masse mit dem Singen der Schmuddellieder. Ohrenbetäubendes Trommeln regiert den Alternativ-Zug und überdröhnt selbst das dreckigste Lied.

Ring de Bell, ring de Bell,
Mösche sin kein Finke,
uns Marie dat hätt'r ein,
do kann e Pääd drus drinke.

Aber bitte: kein Abgesang! Es geht immer weiter. Und deshalb zurück zum Anfang. Ende der Zwanziger Jahre bereits veranstaltete der Bildhauer Lambert Schmidthausen zu Karneval Atelier-Feste. Als das Atelier für die karnevalistische Schar seiner Künstlerkollegen und deren Anhang zu klein wurde, zog man um: Der erste Karnevalsball der Kölner Künstler fand 1927 zuerst in einer Bickendorfer Scheune, später im Deutzer »Rosenhof« statt. Und dieser Ball hatte fortan so viel Zulauf und erforderte soviel Vorarbeit, daß Schmidthausen und seine Frau Martha 1933 die »Scheune e.V.« gründeten, einen Verein, mit nichts anderem befaßt als mit der Ausrichtung von drei Karnevalsbällen pro Session. Aber die müssen es in sich gehabt haben. Zu echtem Ruhm brachten es die Scheune-Bälle dann in den 50er und Anfang der 60er Jahre, wieder unter der Regie von Schmidthausen und seiner Frau. Man war dazu ins Niehler Ballhaus umgezogen, einen Saal, der immerhin 1200 Menschen faßte. Die Vorbereitungen für den Scheune-Ball dauerten Wochen: In die Ausgestaltung der Dekorationen wurden sämtliche Kölner Künstler eingespannt, und entsprechend bizarr sah das Niehler Ballhaus dann bei den Scheune-Bällen aus, zu denen keiner ohne Kostüm erscheinen durfte und die immer unter einem bestimmten Motto standen: »Ahl Säu dräume«, »Ahl Säu im Paradies«, »Walpurgisnacht der Vogelscheuchen«, »Ahl Säu im Orient«, oder: »Immer wieder das Wochenlied!«.

...
Am Mettwoch weed jedresse, medden op der Desch,
Am Donnerstag weed die Ahl jepopp,
am Friedag jitt es Fesch...

Das Singen von schmutzigen Liedern war damals also schon Brauch. Ebenso wie das systematische Kaputtanzen des Tanzbodens – der dann während des Balls von Zimmerleuten wieder repariert wurde – zum traditionellen Höhepunkt der Karnevalsbälle der Scheune geriet. Natürlich erlangt ein Ball, auf dem man die phantasievollsten Kostüme sehen und auf dem man keine Berufskarnevalisten antreffen kann und keinen Büttenreden zuzuhören braucht, rasch einen lokalen und dann überlokalen Ruf. Alle Bälle der Scheune waren restlos ausverkauft. Für die Dekorationen malenden Künstler ein glänzendes Geschäft. Doch dann rollten – in den 60er Jahren – die ersten Bonner Nobelkarossen vors Ballhaus, und die Kölner Künstler wurden von so illustren Gästen wie dem späteren Bundespräsident Heinrich Lübke heimgesucht.

Och, do litt ene Puckel in der Soot,
drieß ihm en der Hot,
jo dat deiht ihm jot.
Och, do litt ene Puckel in der Soot...

Vielleicht war das Überhandnehmen der sogenannten Ringelhemden-Fraktion – von Leuten also, die unterm Smoking als »Kostüm« ein Ringelhemd trugen und sich, weil's Fasching ist, nett geschminkt hatten – der Grund für die Idee, die auf einem jener Scheune-Bälle entstand: sich in *richtigen* Kostümen am Rosenmontagszug zu beteiligen. Jedenfalls gab es

seitdem diese beiden Scheune-Veranstaltungen: die Scheune-Bälle, die einiges an Originalität verloren, seitdem das Niehler Ballhaus abgerissen war, die Bälle nun in der »Erholung« in Refrath stattfanden, und daneben: der Zoch vor dem Zoch, Rosenmontag. Hier die »alten« Scheune-Leute um Martha Schmidthausen, Toni Mai und Irmgard Müller-Herrmann, da Rosenmontag, die bizarren Züge der »neuen« Scheune, ebenfalls von »alten« Scheune-Künstlern – Will Thonnet, Franz Mühl, Bernhard Schoofs und ihren Familien organisiert, die alte Liederpfuhl-Tradition fortsetzend.

Mamm, ich muß ens drieße,
rick mer ens der Pott,
rick mer ens der wieße,
dann der schwarze es kapott.

Doch es geht immer weiter und alles wiederholt sich. Als die »Erholung« in Refrath wegen Renovierungsarbeiten vorübergehend schloß und die alten Scheune-Bälle ein paar Jahre ausfielen, sprangen die neuen Scheune-Leute – bis jetzt übrigens noch *kein* Verein – in die Ball-Tradition ein und veranstalteten nun im Stadtgarten ihre Bälle. Immer ausverkauft, versteht sich. Immer noch phantasie- und liebevoll dekoriert. Immer noch ohne Berufskarnevalisten. Doch mit wachsender Ringelhemd- und schwindender Schmuddellied-Fraktion.

Das Scheunenlied

Wir sind die nackigen Zissen, die Affen mit blutrotem Arsch,
Wir scheißen und kacken und pissen, erav von der dritten Etasch.

Peter Meisenberg

Schließlich simmer jetzt ene Verein!

Es gibt keine Anarchie. Auch der größte Hoffnungsträger der anarchischen Idee, der Kölner Karneval, versagt immer wieder. Jedes Jahr aufs neue gebiert er zwar deren bunteste Früchte und wildeste Pflanzen – aber nur, um sie in der folgenden Session als domestizierte und hierarchisch zurechtgestutzte Varianten ein und desselben immergrünen Hauskrauts wieder zu entlassen: als KG oder e.V.

Eine Männerrunde, tief im proletarischen Sülz, auf der Palanterstraße: Pflasterer, Verputzer, Bierkutscher, Dachdecker, Zimmerleute. Jeden Abend stehen sie zusammen an der Theke, kennen sich über Jahre: Saufkumpane. Und weil sie immer zusammenstehen, feiern sie auch zusammen Karneval. Und wie! Alles, was der Welt übers Jahr Ordnung verleiht, bricht dann zusammen. Die Unterschiede zwischen Tag und Nacht, nüchtern und betrunken, müde und wach, lustig und traurig, anständig und unanständig verloren ihre Bedeutung, wenn diese Männerhorde von Weiberfastnacht bis Aschermittwoch durch Sülzer Kneipen rumorte, Chaos und Anarchie verbreitend.

Wie schon in biblischer Zeit das Wort Licht und Ordnung ins Chaos zwang, so beförderte ein Name das Ende dieses anarchischen Sülzer Karnevalstreibens: Die Saufkumpane aus der Palanterstraße hatten sich einen gemacht. Obwohl nur neun an der Zahl, nannte sie jeder: »Die elf Junge op dr Eck«. Fortan waren sie ein Stammtisch. Ein Stammtisch ist schon kein wilder Männerhaufen mehr. Auch Karneval nicht. Geschlossenes Auftreten ist angesagt. Der Name, der Ruf verpflichtet. Das Chaos nimmt Form an. Also: einheitliche Kostüme statt wilden Verkleidungsdurcheinanders. Jeder en fussig Pürck, e blau Wöbchen, e ruut Halsdoch – die Elf Junge op dr Eck treten als Tünnese an. Ein Jahr später gilt es, der einmal gewonnenen Stammtisch-Reputation mehr Geltung zu verschaffen. Statt als Fußtruppe im Sülzer Dienstagszoch unterzugehen, entschließen sie sich für den Blick von oben. Sie organisieren einen Festwagen. Bestücken ihn – viel wichtiger als die Dekoration – mit einigen Fäßchen Kölsch und zwanzig Zentnern Wurfmaterial. Und brauchen jetzt nicht mehr zu latschen, können im Stehen saufen, werfen, Arme schwenken. Doch da bereits sitzt der erste der anarchiefressenden Viren unausrottbar tief im Organismus des Männerbundes: Wer wirft die meisten Strüssjer und Kamelle? Offenbar eine ganz entscheidende und deshalb äußerst konfliktiöse Frage. Wer die meisten Kamelle wirft, gilt am meisten. So ist das im Karneval. In diesem Karneval. Vor zwei Jahren, als sie in der fünften Jahreszeit noch über Tisch und Bänke sprangen, hätte keiner von ihnen aufs »Wurfmaterial« einen einzigen Gedanken verschwendet. Bis zum nächsten Dienstagszoch muß eine Lösung gefunden werden. Das muß organisiert werden! Aber wer entscheidet über die gerechte Verteilung des Wurfmaterials? Ein chaotischer Stammtischabend der Elf Jungs op dr Eck nimmt seinen ungeordneten Lauf – und endet schließlich in der saubersten und schönsten aller Ordnungen – der Vereinsgründung! Über den Namen des e.V.'s wird noch einmal einen langen Abend wütend gestritten, und dann, als das Schimpfwort »Holzkopp!« fällt, ist mit der Namensgebung auch der letzte Tropfen Anarchie aus der Männerkumpanei gepreßt und die »Sülzer Holzköpp« sind geboren. Noch ein Verein!

Die Geschichte des Kölner Karnevals ist auch eine Geschichte der Vereinsgründungen, der Vereins-Spaltungen, Vereins-Neugründungen, Vereinsquerelen, Vereinszerwürfnisse, erneuten Abspaltungen und so fort. Kein Jahr vergeht in Köln, ohne daß ein neuer Karnevals-Verein gegründet wird; aus bunt kostümierten, geschminkten, trinkenden, tanzenden und mehr oder weniger zufällig sich zusammenfindenden Gruppen, die nicht mehr als sechs Tage im Jahr gemeinsam verbringen, wird eine straff organisierte Frohsinns-Kompanie. Weshalb spalten sich Tauben- oder Kaninchen-Züchter-Vereine nicht ständig, warum gibt es nicht jedes Jahr einen neuen Kleingärtner- oder Fußballverein? Weshalb ist ausgerechnet die anarchischste aller menschlichen Betätigungen, das Karnevalfeiern, so anfällig für Hierarchie- und Ordnungs-Wahn?

Das erste, was die »Sülzer Holzköpp« taten, als sie kein bloßer Stammtisch mehr waren: sie wählten einen Ehrenpräsidenten, einen Ersten Vorsitzenden, einen Zweiten Vorsitzenden, zwei Beisitzer, einen Kassenwart und einen Organisationsleiter. Bloß vier der elf Gründungsmitglieder waren ohne Funktion geblieben. Ein beachtenswerter Anfangserfolg. Und jetzt, wo sie nicht mehr bloß ein Stammtisch sind, sondern als Verein Reputation einzulegen haben, wachsen die Repräsentationspflichten. Schon im November sitzen sie zusammen und bestellen den Festwagen, das Wurfmaterial. Nicht mehr irgendwelche billigen Kamelle. Schließlich simmer jetzt ene Verein! Und im übrigen: die Tünnes-Kostüme! Die sind doch lächerlich. Dat ist doch nicht mehr in. Als Tünnes geht doch jeder. Da müssen wir uns was einfallen lassen. Schließlich simmer jetzt ene Verein. Da müsse mer ein bißchen wat hermachen. Oder? Was Kostüme angeht, sind der Phantasie keine Grenzen gesetzt. Sollte man meinen. Nach langen Anstrengungen gebar der Einfallsreichtum des neuen Vereins endlich auch ein neues Kostüm. Verbindlich für alle versteht sich: blaue »Clubjacken«. Und eine Karnevalsmütze. Alle die gleichen. Nur an der des Ersten Vorsitzenden wird eine Fasanenfeder befestigt. Unterschiede müssen sein. Schließlich simmer jetzt ene Verein!

Wie die äußere Erscheinung wird von nun an auch das Leben des Vereins planbar, überschaubar übers ganze Jahr hin strukturiert. Einmal im Monat Mitgliederversammlung. Für alle verbindlich. Denn da werden wichtige Entscheidungen getroffen. Wo geht die Sommertour hin? Einmal an die Ahr rauf und runter? Oder Brauereibesuch in Koblenz mit anschließendem Kaffeetrinken im Dreiländereck? Oder Schiffstour zum Drachenfels? Zum Elften im Elften Erste Sitzung. Zweite Sitzung im Januar. Dritte Sitzung Karnevalssamstag. Mit Fanfarenchor, Sängern, Büttenrednern. Alles »Spitzenkräften«, versteht sich. Und die kosten! Der Festwagen nebst Wurfmaterial zum Dienstagszoch kostet natürlich auch. Aber das soll ja kosten. Schließlich simmer ene Verein!

Das einzige, was die Holzköpp aus ihrem anarchischen Ursprung lange Zeit hinüberretten konnten war, daß sie stolz ein reiner Männerverein blieben. Doch jetzt sind sie das auch schon nicht mehr. Zweiundzwanzig Mitglieder zählt der Verein. Sechzehn davon sind Frauen. Auch den Posten des Ehrenvorsitzenden hat eine Frau erklommen. Aber das Vereinsheft in der Hand halten die sechs übriggebliebenen Männer. Sagen sie.

Heinrich Pachl

So ein Verein e.V.
Die Bonner Sitzung.

1983 entstand in Bonn aus den Kabarett-Gruppen »Thalias Transit« *und »Lichterloh-Theater« sowie anderen Groß-Bonner Einzeltätern der »Pantheon-Prunk-Paukenschlag 2000« oder auch der »Pink-Prunk-Pantheon« – eine Veranstaltung, die jedes Jahr anders heißt, aber jedesmal ausverkauft ist. Ein karnevalistisches Unikum, das den Karneval nicht braucht. Der Veranstaltungskalender brettert daher gnadenlos über den Aschermittwoch hinaus, auf bis zu 68 Sitzungen kommen die Bonner. Und immer sind die 280 Plätze des Pantheon-Theaters am Bundeskanzler-Platz mit »Feiernden« belegt.*
Karnevals-Sitzungen? Nicht ganz! Im Gegensatz etwa zur Stunksitzung gibt es in Bonn keine Biertische, kein Schunkeln, kaum Luftschlangen, keinen Elferrat, kein Feiern. Aber eine Band, ein Ensemble aus 15 Laien und Profis, und ein hinreißend komisches Präsidium: Alterspräsident Fritz Litzmann (Rainer Pause) und Vorsitzender Hermann Schwaderlappen (Norbert Alich).
Aus dieser Verbindung hat sich neben dieser Veranstaltung auch »So ein Verein e.V.« entwickelt – Heinrich Pachl gibt einen Einblick in diese Vereinssitzung. Denn: Karneval ist im Verein doch am schönsten.

Verein – ergo sum. Also nix wie rein in den Verein! Der hat kein Ziel außer das, sich selbst zu erhalten, und das ist Ziel genug.

Der rüstige, neunzigjährige Ehrenvorsitzende Fritz Litzmann (Rainer Pause) wickelt demütig-demagogisch (eine Mischung, die nur er schafft) seine Bestätigung im Amt ab und nimmt anschließend das Heft der Versammlungsführung fest in die Hand.

Der auf jeder Versammlung ebenfalls immer frisch gewählte gut siebzigjährige Vereins-Präsident Hermann Schwaderlappen (Norbert Alich) unterdrückt die aufkeimende Opposition der imaginären Mitglieder gegen diese Demokratur auf eine Weise, bei der der Gag direkt aus der Galle kommt, so daß die Zuschauer zu Kichererbsen und glucksenden Klatschtanten mutieren, und – schlimmer noch – die von ihm praktizierten Unterdrückungsmethoden süchtig sanktionieren und goutieren: more, more, more.

Wir wollen verarscht werden, aber professionell und gut, denn wir sind der Wald und Ihr seid das Echo, und so, wie es aus uns herausschallt, so müßt Ihr hineingerufen haben.

So wird die Sitzung von Litzmann und Schwaderlappen als Urform von allem vorgeführt: Verein, Familie, Club, Karneval, Partei, Parlament. Und

Verein – ergo sum
Norbert Alich und
Rainer Pause

überall, wo das halbsenile Duo zur Sitzung lädt und die ausgeheckte Tagesordnung satzungsmäßig heruntermanipuliert, wird in offener Zugänglichkeit der alltägliche Terrorismus in jederfrau und jedermann offenbar, das Unterirdische aufgedeckt und ans Licht gebracht sowie die emotionaldemokratische Grundstimmung von der Leine gelassen. Aus den Zuschauern als individuellen Wahrnehmungseinheiten amalgamiert sich schon bald am Abend eine Sympathisantengemeinde. Und mehr als die Satzung gibt es nicht zu verhandeln, in ihren Paragraphen nistet die Macht. Alles andere ist Beiwerk, Schnörkel, Episode, Erinnerung und Ausflug – also die Hauptsache. Dieser höhere Aggregatzustand »Verein«, den Alich und Pause mit der Chemie ihrer Komik im Publikum herbeimixen, unterscheidet sich dann in nichts mehr von den real existierenden Zusammenkünften und Stimmungshaufen, wie man ihnen in den Tagen des rheinischen Karnevals nirgendwo ausweichen kann, noch – als Connaisseur und Genießer – will. Der einfache, aber gemeine Trick der beiden besteht darin, die Grundformel karnevalistischen Rudel-Frohsinns entdeckt und – dafür sollten sie den närrischen Nobelpreis erhalten – auf das ganze Jahr hin anwendbar gemacht zu haben.

Ohne Schunkeln und Mitsingen erzeugen sie denselben Grad an Spaß an der Freud, den wir aus den jecken Tagen kennen. Ihr Trick ist kein Geheimnis. Sie verwandeln sich in ihre eigene Zukunft, in ihre bereits alt bis uralt gewordenen Alteregos, die nun die Gegenwart unter dem Blickwinkel der weisen Verarbeitung, der cholerischen Erinnerung oder der kitschigen Episode aufarbeiten, den Zuschauern jedenfalls an Erfahrung um Lichtjahre voraus, wobei man ihnen als lustigen Opas alles abnimmt. Die gute Pointe wird in der Wirkung gerontologisch gesteigert, und auch den tumbesten Kalauer kann man den wachen Wackelgreisen in keiner Weise übelnehmen – im Gegenteil: Man wartet darauf und wird erbarmungslos befriedigt. Hier, im Verein, wird aus dem Gemüt heraus geputscht. Ein Aufstand vor allem gegen sich selbst wird angezettelt und das dumpfe Alltags-Ich wird abgesetzt, so wie es Weiberfastnacht mit den Oberbürgermeistern der Karnevalskommunen zelebriert wird. Das ist der Keim des Jecken, dessen Kernspaltung wir erleben.

Der Mensch und Nachbar, der endlich so sein darf, wie er eigentlich wirklich ist, wenn er sein Ich aus dem Knast seiner Beschränkt- und Gehemmtheit rausläßt und als Freigänger seiner selbst sich auf Bewährung selber spielen darf, nämlich so, wie er sein möchte, wenn er mal der sein könnte, als der er sich eigentlich wirklich fühlt, wenn er ganz bei sich ist und von sich als seinem eigenen Entwurf, dem »Jeck«, träumt, an dem er nichts mehr ändern kann, und sich deswegen als genau dasjenige Bündel von Stimmungen und Eigenschaften zusammensehnt, das er so jeck und doll in Wirklichkeit nie schafft.

Der Verein am Abend von Alich und Pause ist die kollektive Gummizelle, in der man sich in dieser Weise ohne Risiko austoben kann. Das Duo kidnappt die Fühl- und Versammlungsform des Vereins und präsentiert sie als die Urform der Geselligkeit. Alich/Pause sind der Mensch wie Du und ich, sie geben an wie ein besoffener Meckenheimer es nur kann, schwadronieren, singen und bombardieren die Zuschauer mit der Kalauerkanone bis in die Kapitulation des Klatschmarschs und des Frenetismus.

Was Alaaf für die Session bedeutet, wird hier zum Urschrei für alle Jahreszeiten.

So isses, Prost für Europa!

Immer ausverkauft
Ensemble von
Pink-Prunk-Pantheon
1990

Kein Kardinal am Tisch.
Stimmen zur Stunksitzung.

Elke Heidenreich

So geht es nicht!
Gegen die Verwahrlosung der Sitten.

Der Karneval – das war für meinen Gatten und mich immer eine der letzten Bastionen, wo noch Zucht und Ordnung herrschten. Sehen wir uns doch einmal unverbindlich um in der Welt – überall Werteverfall, Wiedervereinigung und Widerworte, und nur einmal im Jahr leben die schönen alten militärischen Traditionen richtig auf. Heutzutage wird ja schon bei der Vereidigung der Soldaten aufgemuckt! Aber am 11. 11. beim Elferrat, da ist die Welt in Ordnung, da gibt es schmucke Uniformen, da gibt es Stiefel, Gleichschritt, Marschmusik und Orden.

Gibt es? Gab es. Gut, gibt es vielleicht noch, aber das alles wird abgedrängt vom Chaos. Stunk statt Prunk! Und das in Köln... Schon überlegen mein Gatte und ich, ob wir nicht doch wieder zurückziehen in den Hochschwarzwald, wo es zur Fastnacht das Schnurren gab – hinter Holzmasken verborgene Menschen setzen sich einem küssend auf den Schoß. Aber das Schicksal hat uns nun einmal nach Köln verschlagen, zu Kardinal Meisner, Günter Wallraff und 4711, und da weiß ja niemand mehr: Was ist Prunk, was ist Stunk, und woran kann man sich noch halten?

Der Kölner Karneval hat uns tief enttäuscht. Wir haben uns gefreut auf Neger- und Schwulenwitze, auf Geschichten wie »Kommt 'ne Frau zum Arzt, sagt der ...« und auf Alaaf und schunkeln und Weinzwang und den bösen Weinjeist, der den Pappa in datt Bein beißt. Und wohinein sind wir geraten? Zu den Wilden, zu den Irokesen, zu Leuten, die nicht einmal die deutsche Rechtschreibung beherrschen, denn außer der Stunksitzung gibt es auch noch eine Prunksitzunk, das muß man sich mal vorstellen, das kann man sich gar nicht vorstellen.

Alternativer Karneval. Ha! Was soll denn das sein? Keine Prinzessin, nur eine Präsidentin, und die hat sowas Silbernes in der Nase wie die Wilden in Afrika und eine Frisur wie eine Ananas, oben so ein Strupp. Ja, kann man sich denn für so ein Amt nicht ein bißchen nett machen? Und kein Prinz! Ein Präsident im Morgenrock, richtig unanständig, und einmal war ein Prinz da und hat eine wunderbare Rede gehalten – er hat gesagt: »Dies ist der schönste Saal von Köln. Und warum ist dies der schönste Saal von Köln? Weil ihr alle da seid! Heut ist der schönste Tag in meinem Leben.« Ja, ist das denn nicht wunderbar? Und alle haben gelacht! Das Publikum hat gelacht und hat gar nicht verstanden, wie schön diese Rede war. Nein, das ist nichts für meinen Gatten und mich. Es gab auch keinen Weinzwang und ich konnte mein Abendkleid nicht auftragen, kein Orden wurde vergeben und alle waren sehr lustig, all das sind wir vom richtigen Kölner Karneval nicht gewöhnt. Nirgends konnte man noch schnell ein Geschäft tätigen, es hat sich gar nicht gelohnt, einen ganzen Abend zu saufen – kein Bankdirektor, kein WDR-Kulturredakteur, kein Kardinal am Tisch. Nicht mal Willy Millowitsch war da. So haben wir uns den Karneval nicht vorgestellt. Dieses Jahr gehen mein Gatte und ich noch einmal hin, testweise. Aber wenn ein böses Wort über Deutschland fällt, dann rufen wir »buh« und dann ist es aus. Mal ist Schluß.

Dann gehen wir zu den anderen, wenn wir eine Karte kriegen. Und ziehen uns nett an und schunkeln und trinken Weinzwang und rufen »Alaaf, der Prinz kütt« und dann kütter auch, und was sagt er?: »Ihr seid der schönste Saal in meinem Leben.«
Und das ist uns dann auch wieder nicht recht.

Ihr seid der schönste Saal in meinem Leben
Das Kölner Dreigestirn 1987

Tommy Engel
Stunksitzung,
Karnevalsdienstag,
Studiobühne

Wenn Ihr mich fragt, fantastisch! Wenn de schon reinkommst, merkste, hier ist irgendwie alles anders. So ne Art Straßenfestatmosphäre, alles ein bißchen improvisiert, aber es funktioniert. Theke, Tische, du bekommst Kaffee, Cola, Limo, Saft, natürlich auch Bier, einen trockenen und einen lieblichen Wein. Dazu ißt man Schafskäse mit Fladenbrot, versteht sich. Würstchen, Frikadellen oder belegte Brote. Das alles zu vernünftigen Preisen. Zwanglos. Du kannst anziehen was du willst oder auch aus. Kannst dich frei bewegen, selbst wenn du von der Toilette kommst und hast die Hose offen gelassen, guckt dich keiner blöde an. Wunderbar.

Dann geht's rein in den Saal. Und es fällt dir sofort auf, daß du gut durchatmen kannst. Das kommt daher, daß im Saal ein Nichtrauch-Gebot besteht, welches von den meisten eingehalten wird.

Ich habe in den vier Stunden im Saal keine einzige Zigarette geraucht, was mir nicht schwergefallen ist, weil das Programm dermaßen abging, daß ich vor lauter Lachen und Staunen das Rauchen glatt vergessen habe. So einfach ist das. Doch das nur am Rande.

So, dann ging's los. Einzug des Elferrats, an der Spitze Jürgen Becker, so wie man ihn kennt, mit Irokesenschnitt.

Bei der Begrüßung des Publikums durch Herrn Becker geht dann schon die Sonne auf. Jürgen hat so eine ganz besondere Art, den Leuten zu erklären, was auf sie zukommt. Er bewegt sich dabei immer zwischen Tünnes und Schäl.

Es wird nach allen Seiten ausgeteilt. Keiner kommt zu kurz, und nichts wirkt zu lang.

Kitchenclimbing, ADAC-Direktverschrottung, Oma und Opa im Kino, Sauna unterm Dom und natürlich die Schulung und der Auftritt des Dreigestirns, das ja auf einer richtigen Karnevalssitzung nicht fehlen darf. Dazwischen immer wieder der Präsident, der mit Geist, Witz, seinem unverkennbaren Humor und einer locker-spontan wirkenden Performance durch den Abend leitet.

Das Ganze wird musikalisch getragen von einer Band, die es in sich hat: »Köbes Underground«. Jeder Act wird von ihnen liebevoll mit Tönen ins richtige Licht gerückt. Mal rockig, mal flockig poppig, marschig oder walzrig. Wobei, wenn es um Walzer oder Märsche geht, eine gehörige Portion Ironie mit im Spiel ist. Ohne Holzhammer, versteht sich.

Es klingt zwar ziemlich abgedroschen, aber hier stimmt es tatsächlich: Köln und der Karneval sind mit der Stunksitzung um eine Ecke reicher geworden.

Was mich betrifft, wäre da noch zu sagen, daß ich sehr froh bin, daß sich in puncto Sitzungskarneval etwas bewegt, in die richtige Richtung. Da kann man wieder richtig Spaß kriegen an diesem doch gesellschaftlichen Fest.

Kleine Bemerkung: Über das Festkomitee des Kölner Karnevals sollte man eine Verordnung bewirken, nach der sich alle Präsidenten, Literaten und alle die, die sich für die Kultur und Entwicklung im Karneval verantwortlich fühlen, die Stunksitzung reinziehen müssen. Der Festkomitee-Präsident Brovot hat das ja schon gemacht, und wir werden sehen, ob er die eine oder andere Anregung aufgreift, in die Tat umsetzt und bei der nächsten Prinzenproklamation im Gürzenich präsentiert. Vielleicht die Saunanummer. Super!

Ich gebe nicht auf.

Spaßbringende Elemente
Interview mit Wolfgang Niedecken

...die Zeit im Jahr

Du bist in der Kölner Südstadt großgeworden. Verbinden sich denn damit für Dich auch Erinnerungen an den Karneval?

Als Kinder war für uns Karneval natürlich *die* Zeit im Jahr. Wenn wir hätten wählen können, ob wir auf Weihnachten oder auf Karneval verzichten würden, hätten wir wahrscheinlich auf Weihnachten verzichtet. Ähnlich geht es sogar meinen Kindern jetzt noch.

Karneval war in erster Linie eine Gelegenheit, sich als das zu verkleiden, was man eigentlich das ganze Jahr über sein wollte: Indianer, Cowboy, Pirat, Musketier – diese ganzen Kostüme der Filmhelden.

Später ging es weiter damit, auch das zu tun, was man sonst nicht durfte oder sich sonst nicht traute. Man konnte Karneval einfacher mal ein Mädchen ansprechen als sonst. Die Hemmschwelle oder auch das Verklemmte, was wir anerzogen bekommen hatten, konnten wir auf Karneval ein bißchen besser abstreifen. Und auf der Kirmes oder auf dem Karnevalzug sich trauen, auch zu den Mädels hinzugehen und die mal zu einer Runde auf der Raupe einzuladen – auf den Gedanken wäre man sonst im normalen Jahr nie gekommen. Karneval ging das. Man hoffte dann immer, daß sich so etwas vielleicht auch nach Karneval am Leben hielt. Aber meistens war danach Schluß – die sah man nie wieder.

Etliche Jahre später hast Du »Nit für Kooche« geschrieben. Seitdem hat man den Eindruck, daß Dein Verhältnis zum Karneval gestört ist.

Richtig doof gefunden habe ich ihn erst, als wir versucht haben, Rosenmontag 1980 den Zugweg aus der Perspektive von Jan und Griet mitzufilmen – das sollte Material werden für die geplante Rock-Operette »Jan und Griet« – und da mußten wir diesen Zug nüchtern mitgehen. Das war so erbärmlich, was wir da gesehen haben, das war auch so verhärmt, vergrätzt und spießig, also komplett entgegen dem, was ich immer erwartet hatte, was denn nun eigentlich auf Karneval los wäre, daß ich von da ab auch immer weggefahren bin. Ich bleibe in der letzten Zeit auch schon mal hier, weil sich meine Kinder, genauso wie ich damals, auf Karneval freuen. Aber für mich war es damals einfach zuende. Das kannst Du nur im Suff durchstehen.

Für mich ist der Karneval, so wie er jetzt besteht, bis auf wenige Ausnahmen unangenehm. Ich würde mir gerne vor dieser eigentlichen Karnevalswoche höchstens die Stunksitzung reintun, und wenn die anderen von der Prunksitzunk dann auch noch etwas auf die Reihe bekommen... Was soll ich denn sonst noch gut finden? Vielleicht gibt es noch ein, zwei Bräuche wie das Nubbelverbrennen. Das war es dann aber auch schon. Ansonsten ist dieses Fest einfach fertig.

Hat das noch etwas mit Deiner Idee von Volkskarneval zu tun, wenn es denn so etwas gibt?

Meine Idee von Volkskarneval, die letzten Rudimente, die davon erkennbar sind, das sind diese Gruppen, die mit der »decke Trumm« rumziehen, die liebe ich. Da geht mir das Herz auf, wenn ich in diesen Karnevalstagen auf meiner Bude hänge und draußen so ein Zug vorbeigeht. Bei mir im Kopf läuft dann sofort ein Film ab, und den mag ich auch.

Aber ich habe auch keinen missionarischen Eifer, daß ich den Kölner Karneval jetzt wieder herstellen möchte. Wenn es wieder wird, prima. Aber ich kann da nicht daran mithelfen. Wenn z.B. die Bläck Fööss in Verbindung mit dem Roncalli und Leuten wie dem Bernhard Paul an einer Veränderung mitarbeiten, finde ich das toll. Oder wenn die von der Stunksitzung versuchen, den Karneval wiederzubeleben, dann ist das eine karnevalistische Mund-zu-Mund-Beatmung. Das finde ich sehr lobenswert.

Ich bewundere zum Beispiel die Ausdauer und den Charakter, mit denen die »Bläck Fööss« sich seit Jahren reinhängen. Die könnten das Doppelte und Dreifache verdienen, wenn die sich so ranschmeißen würden wie die geschmacklichen Streikbrecher von den »Höhnern«.

Stichworte Stunksitzung/Prunksitzunk: Was gibt es denn da, was Deinen Vorstellungen von Karneval nahekommt?

Das ist anarchisch, geht richtig ran. Das ist nicht platt und oberflächlich. Man braucht ja nur die Karnevalswagen am Rosenmontagszug sehen: Das wird doch wirklich nur nach den Gesichtspunkten ausgesucht, daß es platter nicht mehr geht. und durch die Bank ist es rechts bis ultra-rechts. Die Witze gehen immer auf Kosten von Minderheiten.

Bei den alternativen Sitzungen hingegen wird einfach alles hochgenommen. Da sind einfach – wie es bei Satire auch sein muß – keine Grenzen. Und das muß auch bei einer Karnevalssitzung so sein – das kann ja auch ruhig einmal ein etwas höheres Niveau haben, und es kann ja auch ruhig mal richtig anarchisch an den Grundfesten rappeln. Karneval ist ein Fest der Satire und wer das nicht kapiert, der hat etwas Grundsätzliches nicht kapiert. Der hat wahrscheinlich nur kapiert, daß man an der Theke steht und sich maßlos besaufen kann und alles darf, was man sonst nicht darf, nämlich den Damen unter die Röcke gehen. Wenn das die einzige Umkehrung der Verhältnisse ist, dann ist das ein bißchen arm.

Bei den alternativen Sitzungen hingegen fließen sämtliche spaßbringenden Elemente zusammen. Und dann wird natürlich dort der Karnevalsbetrieb hochgenommen. Als ich zum erstenmal den Becker als Irokesen-Heinz gesehen habe, hab ich mich erstmal hauptsächlich auf seine Konferencen gefreut. Wenn ich den Typ mit seiner Lederjacke und seinem Gummi-Irokesen-Schnitt nur gesehen habe und mir vorstellte, das ist jetzt der Präsident, allein die Tatsache trug schon. Sein hochdeutsches Kölsch fand ich die beste Nummer überhaupt in der ganzen Sitzung. Überhaupt merkte man, daß sich die Leute das, was sie vorbrachten, gut überlegt hatten. Das war subtil – im Gegensatz zu dieser Holzhammermethode, die mittlerweile den offiziellen Karneval ausmacht.

Karneval – ein Fest des Humors, der Satire. Ich bin ja froh, daß mir ausgerechnet der Böll erklärt hat, was Humor ist: wenn man zu seinen Körperflüssigkeiten steht. Also zu seinen Tränen, zu seinem Schweiß und was es sonst noch so alles gibt. Wenn man dazu stehen kann. Das hat nichts damit zu tun, daß man sich ständig auf die Schenkel klatscht, sondern das hat etwas mit dem Akzeptieren der eigenen Gefühle zu tun. Das ist das, was die beim offiziellen Karneval einfach total vergessen.

Und wie ist es mit dem Schunkeln und dem Dreivierteltakt?

Es gibt ja keinen Schunkelzwang. Wenn Du dazwischen hängst und Dich dermaßen unwohl fühlst, dann gehst Du besser. Aber wenn Du dazwischen hängst und es geht los mit dem Schunkeln – das kann auch ganz schön schön sein. Ich habe bei der Stunksitzung auch mitgeschunkelt und mich dabei nicht blöd gefühlt. Ich habe also nichts gegen den Dreivierteltakt.

Wie müßte denn der Karneval aussehen, bei dem Du in Köln bleiben würdest?

Da kann ich nur ganz einfach sagen: Mehr von dem, was die da initiiert haben, auch von dem, was die Bläck Fööss machen. Vielleicht ist das zu machen über ein bißchen mehr Nachdenken in der karnevalsfreien Zeit. Und wenn das dann funktioniert, bleibe ich gerne hier über Karneval.

Karneval 2000.

X-PRESS

TOLL!

1. November 1998   **500** PF

Das ganze Jahr Karneval!

Sensationelle Pläne von KölnKarneval & Festkomitee

– Von unserem Korrespondenten Wolfgang Hippe –

x-p **Köln** Steht der Kölner Karneval vor einem neuen Aufschwung? KölnKarneval will zur Jahrtausendwende durchstarten. Der »Agentur für Recherche und Text« (A.R.T.) wurde eine sensationelle und geheime Studie zugespielt, die wir auf den nächsten Seiten auszugsweise veröffentlichen.

Jeden Donnerstag soll OB Meertens auf dem Altermarkt um 11.11 Uhr zu kölschem Frohsinn aufrufen.

Samstags laden Franz Xaver Ohnesorg und Zeremonienmeister Ingolf Lück zur »Lachenden Philharmonie«.

Jeden Freitag gibt es den »Kölner Medienba mit Bio und Marie-Luise Nikuta im Maritim.

Besonderer Leckerbissen: im Aqualand Chor Deutschlands schönstem Spaßbad, gastiert stär eine Super-Sexy-Samba-Show mit Karneval aus

★ ★ ★ ★ ★ ★ ★ ★ ★ ★ ★ ★ ★ ★ ★ ★ ★ ★ ★ ★

ENDLICH! **FC-Präsident Göbe**
trat zurück! (siehe Spor

X-Press-Schlagzeile
vom
11. November 1998

Hippe, MacKinsey, Masters & Johnson Unternehmensberatung Inc.

KÖLNKARNEVAL 2000.
Weiterentwicklung des Kölner Karnevals
Zusammenfassung der Ergebnisse.

KölnKarneval Betriebs- und Servicegesellschaft mbH
Köln, April 1998
© 1998 Hippe, MacKinsey, Masters & Johnson Inc.

1. Aufgabenstellung

Im Frühjahr des Jahres 1997 wurde uns vom Festkomitee Kölner Karneval(FK)/KölnKarneval Betriebs- und Servicegesellschaft mbH die Aufgabe erteilt, in Hinblick auf den Jahrtausendwechsel ein detailliertes Konzept *KÖLNKARNEVAL 2000* zu erarbeiten.

Neben einer rückblickenden Analyse lagen die Schwerpunkte der Projektarbeit, deren vorläufige Ergebnisse in diesem Bericht zusammengefaßt sind, bei einer groß angelegten schriftlichen Befragung der Besucher unterschiedlichster Veranstaltungen von KölnKarneval und einer Modellrechnung zur wirtschaftlichen Bedeutung dieses kulturellen Großereignisses.

Die Besucherbefragung diente im wesentlichen dazu, die Einstellung des Publikums zum Ereignis zu ergründen. Insgesamt wurde die Teilnehmer- und Besuchertypologie[1] in einer für Deutschland in diesem Umfang einmaligen fragebogengestützten Aktion durch 19 Befragungen erfaßt, mehr als 18000 Fragebögen kamen beantwortet zurück, von denen ca. 6700 mit Hilfe des Statistischen Amtes der Stadt Köln ausgewertet wurden. Die außerordentlich hohe Rücklaufquote von mehr als 50% sowie die engagierten Antworten zu den offen gestellten Fragen dokumentieren unter anderem die enge Verbundenheit der Teilnehmer mit KölnKarneval.

Zur *Einschätzung der wirtschaftlichen Bedeutung von KölnKarneval* wurde ein spezielles, vom AfU-Institut entwickeltes Input-Output-Modell herangezogen. Vereinfacht ausgedrückt, erfaßt es zum einen Zahlungen von KölnKarneval an Einzelpersonen (Mitarbeiterstab, Künstlerinnen und Künstler), Unternehmen und öffentliche Hand sowie die Einnahmen, die ihr durch diese Gruppen entstehen; zum anderen zeichnet dieses Modell nach, welche Finanzströme durch die wirtschaftliche Interaktion der Gruppen selbst ausgelöst werden. Gekoppelt mit dem Keynes'schen Einkommensmultiplikator lassen sich aus diesen Daten Rückflüsse an die öffentliche Hand und die Beschäftigungswirkung ableiten.

---

[1] In der Fachliteratur finden sich zahlreiche Hinweise und Modelle zu einer entsprechenden Typologie. An dieser Stelle sei nur auf die fast vergessene Urfassung von Gluchowski, P., »Freizeit und Lebensstile: Plädoyer für eine integrierte Analyse von Freizeitverhalten«, Erkrath 1988, verwiesen.

Die daraus resultierenden wirtschaftlichen Auswirkungen («Netto-Effekte») können, um nur einen Aspekt zu erwähnen, direkt gegen die sog. Subventionen der Stadt Köln an KölnKarneval aufgerechnet werden. Sie wachsen allerdings nicht der Kommune allein zu, sondern der deutschen Volkswirtschaft insgesamt. Inwieweit in diesem Zusammenhang noch von Subventionen gesprochen werden kann, sei an dieser Stelle hintangestellt. Erwähnt sei nur, daß die Investitionen von KölnKarneval zur Sicherung einer nicht unerheblichen Zahl von Arbeitsplätzen beitragen.

2. Problemskizze

In der zweiten Jahreshälfte des Jahres 1989 begann im Rahmen des Festkomitees Kölner Karneval (FK) eine Debatte um die Zukunft des Kölner Karnevals. Rückblickend lassen sich dabei folgende Argumentationsstränge idealtypisch beschreiben:

▸ Die Zukunft des Kölner Karnevals wurde kritisch gesehen. Übereinstimmend bemängeln alle beteiligten Parteien die schlechte Qualität der sog. Büttenreden, das Aussterben des Kölner Liedgutes sowie die schlechte bis mangelhafte Medienpräsenz des kölnischen Volksfestes.

▸ Übereinstimmend wurde von allen beteiligten Parteien verlangt, daß künftige Sessionsprogramme von *höchster künstlerischer Qualität* und alle traditionellen Bereiche des Kölner Karnevals vom ausgefeilten Beitrag in der Bütt bis zum gekonnten *Mariechen*-Tanz abgedeckt sein sollten.

▸ Der Kölner Karneval sollte für ein breites Publikum wieder attraktiv gestaltet und neue Zielgruppen weiter in das traditionelle karnevalistische Geschehen einbezogen werden. Gedacht war hier vor allem an das Publikum der zu diesem Zeitpunkt bereits etablierten »alternativen« Stunkprunk-Sitzungen, die sich vor allem für freizeitaktive, jüngere Bevölkerungsgruppen als attraktiv erwiesen hatten.

▸ Einigkeit bestand darin, daß durch eine *neue Professionalität* in den verantwortlichen Leitungsgremien eine bessere Präsentation des gesamten Volksfestes (und damit auch der Stadt Köln) sowie eine partnerschaftliche Zusammenarbeit mit den Veranstaltern (Karnevalsgesellschaften, Korps, auch freie Veranstalter) erreicht werden sollte.

▸ Einigkeit bestand darin, daß durch diese effizientere Arbeitsweise *höhere Markterlöse* zu erreichen seien. Gedacht war dabei auch an eine systematische Ausweitung des Sponsorenkreises über den klassischen stadtkölnischen Kreis (FORD, KHD, Brauereien, 4711, Sparkassen, Erzbistum) hinaus.

Umstritten war zu diesem Zeitpunkt noch, welche organisatorischen Schritte aus der oben angedeuteten gemeinsamen Analyse folgen sollten. Uneinigkeit bestand in diesem Zusammenhang auch über den Charakter des kölnischen Volksfestes. So bestand eine qualifizierte Minderheit darauf, der Kölner Karneval – gedacht als *das* Kölner Grundrecht – müsse in seinem Kern unangetastet bleiben. Beispielhaft seien nur zwei der damaligen Äußerungen zitiert:

–   »Helfen Sie mit, daß der kölsche Fasteleer (d.i. der Kölner Karneval) so bleibt wie er ist.« (Ferdi Leisten, Köln)
–   »Ein falsches Umschreiben ist es, wenn ich Karneval oder Fastnacht sage und meine bloß Unterhaltung.« (Heinz Wacker, Würselen)

Auffällig an beiden Äußerungen ist die ideologisch stark konservativ geprägte Ausrichtung der hier eingeklagten Sinnsuche[2].

Dem gegenüber setzte eine Mehrheit des Festkomitees auf eine vorsichtige Modernisierung und den allmählichen Einsatz modernerer Managementmethoden.[3] Im Folgenden werden stichwortartig einige der damals durchgesetzten und auch für die heutige Planung noch bedeutsamen Neuerungen aufgeführt:

▸   Zur Abwicklung der Geschäfte des Festkomitees wurde die Wirtschaftsdienst-GmbH gegründet, ein Vorläufer der heutigen KölnKarneval Betriebs- und Servicegesellschaft mbH. Damit wurde die aus vielen Gründen anstehende Trennung von Geschäftsbetrieb und Brauchtum vollzogen.

▸   Später wurde die Tochtergesellschaft KölnKarneval Medienverwertungsgesellschaft mbH gegründet, um ein gezielteres Medienmarketing zu ermöglichen und höhere Lizenzgebühren zu erreichen. Die Fernseh-Einnahmen lagen Ende der achtziger Jahre bei nur rund 300.000 DM.

▸   Ende der achtziger Jahre des ausgehenden Jahrhunderts wurde erstmals eine offene Werbung auf der Bühne zugelassen. Während des Songs *Aqua di Colonia* konnte die Musikgruppe »Höhner« ein Transparent mit Kölsch-Werbung entrollen.

▸   Nach anfänglichen Berührungsängsten nahm das Festkomitee Kontakt zu den »alternativen« Karnevalssitzungen auf und trug so der Diversifikation des Marktes und den damit zusammenhängenden Ausdifferenzierungen der Zielgruppen Rechnung. Hier wurde auch die Basis für die spätere Zusammenarbeit mit »KARNEVAL. DER TRAUM«-GmbH (Circus Roncalli, Bläck Fööss) gelegt.

▸   Die Orientierung der Rosenmontagsthemen an dem Standortmarketing der Stadt Köln ab dem Jahr 1989 (Musikstadt, Filmstadt, Medienstadt, Wirtschaftszentrum, Kunststadt, Stadt der Versicherungen usw.) sicher-

---

2   Vgl. hierzu Becker, J. et al. »Sinnkrisen in modernen Kulturgesellschaften«, Köln Opladen 1997, S. 234 f.
3   Der damalige Präsident des Festkomitees Gisbert Brovot wurde später als »Gorbatschow des Kölner Karnevals« gefeiert, der ebenso wie sein sowjetischer Namenspatron in Maßen Glasnost und Perestroika eingeführt habe.

te die städtischen Zuschüsse, auch wenn eine Steigerung nur durch zähe Verhandlungen erreicht werden konnte.

- Die Einführung von zwei Prinzenproklamationen ab 1992 für ein unterschiedliches Zielpublikum (Proklamationsgala mit Eintrittspreisen ab 400 DM; volkstümliche Präsentation des Dreigestirns im Rahmen der KölnKirmes) stellte einen weiteren Schritt der neuen Geschäftspolitik dar.[4]

- Die Schaffung eines *Preises KölnKarneval* für die beste und phantasievollste Saal- und Balldekoration im Jahre 1993 und die mutige Entscheidung, den Preis im selben Jahr dem Kölner Jazzhaus für seine Dekoration *New Orleans Jungle* zu verleihen, stützte diese Linie.

- Für die perspektivische Arbeit des damaligen Management spricht die Beibehaltung der Formen des traditionellen Sitzungskarnevals für ältere Zielgruppen. Weitblickend wurde hier die Seniorenarbeit der freien und kirchlichen Wohlfahrtsverbände mit einbezogen.

- Besonders hervorzuheben ist in diesem Zusammenhang die äußerst erfolgreiche Werbekampagne »Kölner für KölnKarneval« aus dem Jahre 1994, in der es gelang, eine Generationen-übergreifende Mobilisierung für den Rosenmontagszug zu erreichen. Unvergessen ist auch heute noch der gemeinsame Auftritt von Peter Millowitsch und Wolfgang Niedecken und ihr Duett »Wir sind alle kleine Sünderlein«. (Die Köln-Promotion nutzt noch heute Ausschnitte aus der Video-Aufzeichnung.)

- Last but not least sei auch die Frauenpolitik des Festkomitees erwähnt. Nach dem Einzug der ersten Frau im Jahre 1989 wurde der Frauenanteil – damals sensationell mit Hella von Sinnen und Alice Schwarzer als Ehrenpräsidentin – systematisch ausgebaut. Ebenso erhöhte man den Anteil des *Frauenkarnevals*. Nach heftigen Debatten wurden die Begriffe »Damensitzung« und »Damenkarneval/Karneval der Damen« als »zu sehr dem patriarchalen Sprachgebrauch verhaftet« aufgegeben. Als gelungen muß man die Abschaffung der männlichen Jungfrau vor zwei Jahren bezeichnen. Dadurch wurde ein zusätzlicher Motivationsschub für KölnKarneval erreicht.

Die Geschäftspolitik von Festkomitee/KölnKarneval war bis ins Jahr 1996 hinein überaus erfolgreich. Trotz einiger ungünstiger Entwicklungen in Detailbereichen konnten die Umsatz- und Besucherzahlen weitgehend gehalten und sogar noch leicht ausgebaut werden. Die Gründe (deutsche Vereinigung und Öffnung der Ostgrenzen, damit verbunden die Erschließung der östlichen Narrenpotentiale, höhere Mobilität von Spaßtouristen aus Belgien und den Niederlanden, Verstetigung der guten konjunkturellen La-

---

4 Es sei daran erinnert, daß der Auftritt der seinerzeit weltberühmten Sopranistin Anna Moffo bei der Prinzenproklamation 1981 zu einem Skandal führte. Die Kritik an solchen als »unkölsch« typisierten Show-Darbietungen verstummte erst 1989, als der Wagner-Tenor Rene Kollo das Publikum der Proklamation zu Begeisterungsstürmen hinriß. Sein Auftritt war übrigens von einem Mäzen (die Lokalpresse berichtete irrtümlich von einem »nichtgenannten Sponsor«) finanziert worden.

ge, weitere Verkürzungen der Arbeitszeit bei gleichzeitigem relativen Lohnanstieg, intensive Feier- und Freizeitschulung) tragen inzwischen nur noch bedingt.

Entscheidender als die übergreifenden volkswirtschaftlichen Leitlinien waren Verschiebungen innerhalb des *Marktsegmentes „»Karneval und Lustbarkeiten«* und eine zum Teil agressive Marktstrategie konkurrierender Unternehmungen. An dieser Stelle seien nur einige der Konkurrenzprojekte genannt[5]:

▸ Das regelmäßige sonntägliche *»Narrenläuten«* mit anschließenden Umzügen in Orginal Fastnachtskostümen mit Masken im süddeutschen Raum verzeichnet steigende Besucherzahlen. Als zusätzliche Attraktion wirkt die dortige reiche Fastnachts-Museumslandschaft.

▸ Der seit Anfang der neunziger Jahre institutionalisierte zweifache *Rosenmontagszug* (Februar, Juni) in Düsseldorf und die damit verbundenen besonderen Volksfeste haben einen unerwartet hohen Sogeffekt.

▸ Die jetzt vierteljährliche Verleihung des *»Ordens wider den tierischen Ernst«* in Aachen hat zu einem Aufschwung des Casino-Betriebs geführt. Mittlerweile plant die Aachener Ordens- und Freizeit AG (A&O FAG) in unmittelbarer Nachbarschaft des Casinos die Errichtung eines überdachten *Sambadrom*. Dort soll eine vierteljährliche Adaption des Orginal Karnevals in Rio präsentiert werden.

KölnKarneval hat die Meßlatte an ihre Aktivitäten von vornherein hoch angelegt. In einem Beschluß des Aufsichtsrates vom 23. 4.1993 heißt es dazu u.a.:

– Das Angebot von KölnKarneval soll von höchster künstlerischer Qualität sein und alle Karnevalsbereiche abdecken, die in Köln durchführbar sind.

– KölnKarneval soll als Ort karnevalistischer Ereignisse und als Raum der Begegnung allen »Jecken« und »Immis« einen besonderen, hohen Erlebniswert bieten.

– Ein möglichst breites Publikum soll an die verschiedenen Karnevalsarten herangeführt werden.

– Die Professionalität von KölnKarneval soll sich in einer erstklassigen Betreuung sowohl der Künstler als auch des Publikums sowie in einer partnerschaftlichen Zusammenarbeit mit allen Veranstaltern ausdrükken.

– KölnKarneval soll einen möglichst hohen Markterlös erreichen.

Die sich abzeichnende Gefährdung der Marktposition von KölnKarneval hat Anfang 1997 zu dem Auftrag an unsere Unternehmensberatung geführt. Im folgenden stellen wir erste Untersuchungsergebnisse und daraus folgende Unternehmensstrategien zur Diskussion.

---

5   Eine vollständige Übersicht findet sich im Anhang 15 dieser Studie.

3. Untersuchungsergebnisse

Seit Anfang der neunziger Jahre hat KölnKarneval die Zahl seiner Veranstaltungen systematisch ausgebaut.[6] 1997 rutschte KölnKarneval erstmals aus der Spitzenposition auf den zweiten Platz. Düsseldorf führte 9933 Veranstaltungen durch, KölnKarneval lediglich 9903. Dem entspricht ein leichtes Absinken der Besucherzahlen insgesamt. Über die Session gerechnet nahmen in Köln 96/97 ca. 2,9 Millionen Menschen an den Veranstaltungen teil (1995/6: 2,98 Mio.). In Düsseldorf stieg die Zahl der Teilnehmer auf 3, 2 Millionen (1995/6: 2,6 Mio.). Der hohe Zuwachs ist vor allem durch die erstmals effektiv vermarktete Kombination der beiden »Rosenmontagszüge« zu erklären: Der Sommerkorso brachte inkl. der Veranstaltungsbesucher im Umfeld ca. 600.000 Besucher. Düsseldorf dürfte sein Besucherpotential allerdings noch nicht voll ausgeschöpft haben...

Abb. 1

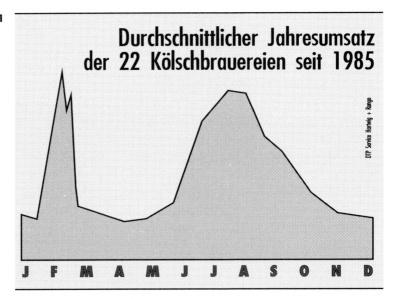

Die Kölner Wirtschaft profitierte trotz des gedämpften Trends von einer Vielzahl wirtschaftlicher Effekte, die direkt von KölnKarneval ausgehen. Besonders hervorzuheben ist hier der Gastronomie-Umsatz. Vor allem die 22 Kölsch-Brauereien haben neben den heißen Sommermonaten um die »tollen Tage« herum ihre zweite Spitze (s. Abb. 1). Aber auch Sektkellereien erzielen in den Monaten Januar bis März in der Regel einen bis zu 10 % höheren Umsatz gegenüber karnevallosen Regionen. Was umso bemerkenswerter ist, da der Sektkonsum mittlerweile nicht mehr an ein bestimmtes Ereignis (Weihnachten, Sylvester) gebunden ist. Für die Hersteller von Masken und anderem Karnevalszubehör ist die »Fünfte Jahreszeit«

---

6   Zur Veranstaltungsentwicklung im Vergleich siehe Anhang 11

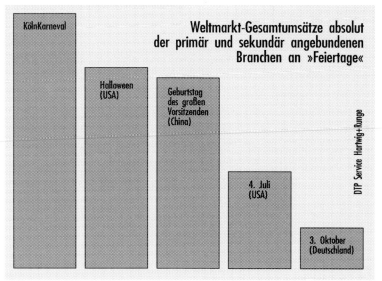

Abb. 2

Weltmarkt-Gesamtumsätze absolut
der primär und sekundär angebundenen
Branchen an »Feiertage«

KölnKarneval

Halloween
(USA)

Geburtstag
des großen
Vorsitzenden
(China)

4. Juli
(USA)

3. Oktober
(Deutschland)

DTP Service Hartwig+Runge

schon jetzt Umsatzträger Nr. 1. Auf dem Weltmarkt folgt auf Platz 2 mit Abstand der amerikanische *Halloween* (s. Abb. 2). Auch andere Branchen (Einzelhandel, Taxiunternehmen, Hersteller für Kosmetikwaren und Orden, Banken und Sparkassen) tätigen einen wesentlichen Teil ihrer Umsätze in der Session. Während Ende der achtziger Jahre das Gesamtvolumen der für das närrische Treiben aufgewendeten Gelder allein in Köln bei ca. 60 Millionen DM lag, summiert er sich heute auf rund 120 Millionen DM...

Aufschlußreich war die Untersuchung der Herkunft der Veranstaltungsteilnehmer. 87,2 % der Teilnehmer an Ball- und Sitzungsveranstaltungen kommen aus Köln und dem unmittelbaren Umland. Bei den Teilnehmern des Straßenkarnevals sinkt der heimische Anteil zwar auf 74,3 % (Rosenmontag). Erstaunlich ist aber, daß es trotz zunehmender Medienpräsenz, einem qualitativ hochstehenden Angebot und intensiver Werbung immer noch nicht gelungen ist, den Anteil auswärtiger Besucher entscheidend zu erhöhen.

Der Bekanntheitsgrad von KölnKarneval ist zudem extrem hoch. 99,3 % der Befragten kannten den Begriff und hatten schon mehrmals Präsentationen von KölnKarneval in den Medien gesehen...

4. Ein Modell für die Zukunft

Um vor diesem Hintergrund kurz- bis mittelfristige Verbesserungen zu erreichen, bedarf es nicht nur einiger Korrekturen im Detail, sondern radikaler Veränderungen. Ein erneuter Sprung an die Spitze wird nur möglich sein, wenn auch langfristig realisierbare *visionäre* Lösungsansätze verfolgt werden. Eine Zusammenarbeit mit der Stadt Köln erscheint hier unumgänglich, denn bei dem hohen Grad an Identifikation von KölnKarneval mit der Stadt stellt sich nicht mehr die Frage, ob für das Unternehmen KölnKarneval und für das Produkt »Kölner Karneval« eine neue, verbesserte kompakte Identität (Corporate Identity) geschaffen werden kann. Selbstbild und Selbstbewußtsein müssen die ganze Stadt miteinbeziehen. Nur dann kann die internationale Bekanntheit genutzt und in akzeptable Umsatzsteigerungen überführt werden. Hier gilt es, die Aufgeschlossenheit und Weltläufigkeit der Kölner Bevölkerung mit modernen Managementmethoden zu kombinieren. Das von uns vorgeschlagene Maßnahmenpaket gliedert sich nach einer grundsätzlichen Überlegung in weitere Abschnitte.

▶ KölnKarneval: Die Fünfte Jahreszeit das ganze Jahr

Als Handicap der Brauchtums- wie der Geschäftspolitik hat sich bisher eine zu große Konzentration der Aktivitäten von KölnKarneval auf den lokalen und regionalen Markt erwiesen. Auch die bisher eher zaghafte Ausweitung der festen Session auf fünf Monate hat keine grundsätzlichen Veränderungen erbracht, weil sie dem gestiegenen Freizeitbudget der Bevölkerung und den damit zusammenhängenden Verschiebungen der Verhaltenspräferenzen nur unwesentlich Rechnung trägt.[7] Wir schlagen deshalb eine *Doppelstrategie* zur Bewältigung der aktuellen Problemlage vor:

▶ Einerseits muß der heimische Markt stabilisiert werden. Dazu rechnen wir (vgl. dazu ausführlicher Anhang 1) auch begleitende Maßnahmen. In Zusammenarbeit mit der Stadt Köln sollte ein breitgefächertes Angebotspaket organisiert werden. Dazu gehören eine verstärkte Schulung der Bevölkerung unter Einbeziehung öffentlicher und privater Institutionen der Erwachsenenbildung (VHS, Bildungswerke), eine verstärkte Nutzung des Zweiten Arbeitsmarktes für den Bereich KölnKarneval, die Anerkennung eines Karnevalsdienstes als Zivil- oder Bundeswehrersatzdienst, die verstärkte Zusammenarbeit mit Wirtschaftsverbänden, vor allem mit dem Einzelhandelsverband[8] und den ortsansässigen Medienproduzenten.

▶ Andererseits müssen europa- und weltweit neue Verbrauchergruppen erschlossen werden. Die überregional zu führenden Kampagnen sollten als Gemeinschaftsaktion der Kölner Wirtschaft betrieben werden

---

7   Im zwanzigsten Jahrhundert sank die Arbeitszeit um rund 50 %. Vgl. dazu Bundesamt für Statistik, »Lebenszeit – Arbeitszeit«. Sonderheft 112 (1997), Nürnberg, Berlin, S. 112 ff.

8   In der Session 1986/87 wurden erstmals die Mitgliedsfirmen des Kölner Einzelhandelsverbandes aufgefordert, ihre Schaufensterdekoration auf das Motto der »Tollen Tage« – damals ein gebräuchlicher Ausdruck für Karneval – auszurichten. Diese Zusammenarbeit hat inzwischen eine gewisse Tradition. Zu überlegen wäre, ob hier nicht ein interner Wettbewerb ausgeschrieben werden sollte.

und an so erfolgreich plazierte Produkte wie »Kölnisch Wasser«, »Kölsch light« oder »Domspitzen Mandel« (Stollwerck) anknüpfen.

Erfolgversprechend werden alle Maßnahmen aber nur sein können, wenn neben der angestrebten Konzentration der lokalen und überregionalen Kräfte eine gezielte Ausweitung der Angebotspalette tritt. Wir empfehlen deshalb die Aufhebung der nicht mehr begründbaren Beschränkung der Aktivitäten von KölnKarneval auf 5 Monate.

Köln darf auch in Frühling, Sommer und Herbst nicht auf seinen Karneval verzichten müssen. Die »Fünfte Jahreszeit« muß vom 1.1. bis zum 31.12. dauern.

Ungeachtet dessen sollte an den traditionellen Festumzügen zweimal im Jahr (Rosenmontagszug, Veedelszüge) festgehalten werden. Sie sind als besondere Leistungen der »Weltstadt des Humors« herauszustellen.

Wie die Beispiele aus anderen Regionen und Städten zeigen (vgl. dazu ausführlich Anhang 15), besteht eine ausreichende Nachfrage nach zusätzlichen Unterhaltungs- und Freizeitangeboten. Zudem sprechen eine Reihe von weiteren Gründen für diese Umstrukturierung. Zum einen verfügt die KölnKarneval Betriebs- und Servicegesellschaft mbH über eine organisatorische Infrastruktur, die mit geringen Kosten erweitert und verbessert werden kann (vgl. dazu ausführlich Anhang 3).

Zum anderen sind die positiven Effekte für die Kölner Wirtschaft unübersehbar. Bei einer Ausweitung ist nicht nur mit steigenden Einnahmen in den Schlüsselbranchen (Gastronomie, Brauereien, Medien, Veranstaltungsagenturen, Hersteller für Orden) zu rechnen, es werden auch zusätzliche Arbeitsplätze geschaffen und damit die Kaufkraft der Kölner Bevölkerung insgesamt erhöht. Wir verweisen hier nachdrücklich auf unsere Modellrechnung »Indikatoren des wirtschaftlichen Einflusses von KölnKarneval« (Anhang 4).

In Zukunft wird noch zu prüfen sein, inwieweit dem Konzept der autofreien Innenstadt und eines sanften Tourismus[9] Rechnung getragen werden kann.

Die Ausweitung des Angebotes von KölnKarneval und der Stadt Köln im oben beschriebenen Sinne sollte mit einer breit angelegten Werbekampagne begleitet werden, in der Prominente ihre Sympathie für die Stadt und für ihr neues Volksfest ausdrücken. Wir schlagen vor, wechselnd lokale und überregionale Persönlichkeiten mit einem gewissen Augenzwinkern (»Köln – Weltstadt des Humors«) werben zu lassen. Vorstellbar wären etwa:

– Wolfgang Niedecken: »Nit für Kooche führ' isch Karneval weg!«
– Walter Momper (Berliner Oberbürgermeister): »Berlin ist die Hauptstadt des geeinten Deutschlands, Köln die Hauptstadt des Karnevals!«

---

9 Wir verweisen darauf, daß der sog. sanfte Tourismus seit Jahren die relativ größten Zuwachsraten in der Tourismusbranche vorweisen kann. Vgl. hierzu Studienkreis für Tourismus, Starnberg, »Sanfter Tourismus. Hoffnung für die Zukunft«, Ms. o.J. (1997), S. 5 ff.

– Alfred Neven-DuMont: »Was wäre Köln ohne mich und den Karneval!«
– Rosa von Praunheim: »Kölsche Männer könne bütze!«

▶ (Zusätzliche) touristische Attraktionen schaffen

Die bisherigen Angebote von KölnKarneval sind in den letzten Jahren zwar bunter und unterhaltsamer geworden. Doch hat es neben den traditionellen Veranstaltungen und Veranstaltungsorten wenige übergreifende Innovationen gegeben. Ausnahmen bilden hier die überaus erfolgreichen revue- und kabarettartigen Auflockerungen der Stunkprunk-Sitzungen. Eine moderne, jahresumfassende Planung muß einerseits die herausragenden Aktivitäten der bisherigen Sessionen aufgreifen, verstärken, bündeln und in einen festen Rhythmus bringen, daneben aber für eine ständige und trotzdem abwechslungsreiche Präsentation von opulenten Schaustücken an orginellen Veranstaltungsorten sorgen. Dabei ist auch besonders den bekannten Publikumswünschen Rechnung zu tragen.

Als zentrale Motive für eine Teilnahme an einer karnevalistischen Veranstaltung haben die von uns Befragten[10] genannt:

– 90 % der Befragten (92 % der Männer, 88 % der Frauen) suchen schnelle, unverbindliche sexuelle Begegnungen.
– 84 % der Befragten (87 % der Frauen, 81 % der Männer) haben den Wunsch, sich zu verkleiden und so ihren Alltag hinter sich zu lassen. 78 % der befragten Männer möchten sich dabei gerne als Frau verkleiden und Frauenkleider tragen.
– 75 % der befragten Frauen möchten auch einmal unter sich feiern und fröhlich sein.
– 69 % der Befragten erwarten eine humorvolle, aber nicht zu orginelle Unterhaltung.
– 43 % der Befragten würden bei einem Kurzurlaub in Köln trotz Karneval auch eine kulturelle Veranstaltung (Museen, Romanische Kirchen, Theater, Philharmonie) besuchen.

Trotz der offensichtlichen Bedeutung der sexuellen Betätigung möchten wir uns doch dagegen aussprechen, diese Aktivität als isoliertes Angebot einzuführen. Wir raten in diesem Zusammenhang ausdrücklich von der Errichtung eines ständigen Funken-Biwak in der Nähe des Eros-Centers in der Hornstraße ab. Zwar ist dort die Nähe zum Mediapark und damit ein attraktiver Standort gegeben. Doch die kleinteilige Umgebung gehört nicht zu den herausragenden städtischen Lagen.

---

10 Erstaunlicherweise decken sich die Ergebnisse der Kölner Befragungen mit den europäischen Umfrageresultaten. Die angegebene Gewichtung kann man deshalb als international gültig bezeichnen.

Stattdessen schlagen wir die Gründung eines *Begleitservice* vor, bei dem Gäste beiderlei Geschlechts wahlweise Tanzmariechen/Marketenderin und/oder Tanzoffiziere engagieren können. Je nach Art der besuchten Veranstaltung sollte gegen einen Aufpreis eine andere Kostümierung angeboten werden.[11] Zu denken ist auch an die Ausgabe von Kondomen in den Stadtfarben oder wahlweise in den Farben eines bevorzugten Traditionskorps.

Zur Bündelung der jahresübergreifenden Session schlagen wir folgenden standardisierten und im Detail variablen Ablauf eines Veranstaltungskerns vor:

– Auf dem Altermarkt wird ein festes Funken-Biwak errichtet. Um Konkurrenzen und Neid zu vermeiden, wechselt die Besatzung und das Korps in monatlichem Turnus. Jeden Donnerstag um 11.11 Uhr ruft OB Burger vom Rathaus aus zu kölnischem Frohsinn auf.

– Jeden Freitagabend feiert ganz Köln im Maritim den »Großen Medienball«. Die Veranstaltung wird von dem bekannten Showmaster Prof. Alfred Biolek und Marie-Luise Nikuta moderiert. Per Live-Schaltung werden Bilder des Karnevalszuges im Mediapark überspielt.
Begleitend läuft in der Cinemathek ständig eine Retrospektive »Karneval im Film« (u.a. »Ansichten eines Clowns«, »Some like it hot«, »Abenteuer in Rio«).

– Jeden Samstagabend laden Franz Xaver Ohnesorg und Zeremonienmeister Ingolf Lück zur »Lachenden Philharmonie«. Mit dieser Veranstaltung bietet sich für KölnKarneval und für die Philharmonie die Möglichkeit, zum Ruf Kölns als profiliertem Konzertzentrum beizutragen und die Diskrepanz zwischen ernster Musik und Unterhaltungskunst weiter zu überwinden.[12]

– Der Sonntag sollte als Ruhe- und Frühschoppentag eingeplant werden.

– Jeden Montag steht ein Besuch beim *ständigen Veedelszooch* unter dem Motto *»Mer schlage op de decke Trumm«* im Mediapark, Kölns Schaufenster zur Welt, auf dem Programm. Als besonderes Erlebnis wird den Teilnehmern ein Preview-Videoconferencing mit Künstlern der am Abend im ehemaligen Constantin-Großkino stattfindenden Prunksitzung geboten.

Um diesen Veranstaltungskern werden an herausragenden Orten in der Stadt zusätzliche Karnevalsangebote präsentiert:

– Die Planungen für den *Mediapark* wurden bereits geschildert.

---

11 Es sei an dieser Stelle nachdrücklich auf den dialektischen Zusammenhang zwischen Verkleidung und Sex hingewiesen. So analysiert etwa Heinz Ammann: »Wenn ich den Prinz entkleide und nackt auf die Bühne stelle, dann stirbt er vor Identitätslosigkeit« und »Wenn einer voll ist, und wenn er sich eine Frau schnappt oder frißt, bis er kotzen muß, dann erlebt er am anderen Tag, wie eine Katharsis, den Kater, den dicken Kopf oder die Alimente.« In: »Kann man feiern lernen?«, Katholisches Bildungswerk Euskirchen, o.J.

12 Vgl. hierzu Jürgen Raap: »A Walk on the Wild Side«, in: »Kultur-Macht-Politik. Zweite Folge: Zwanzig Jahre danach«, Köln 1998, S. 149 f.

- Im *Aqualand Chorweiler*, Deutschlands schönstem Freizeit- und Erlebnisbad, wird ein *Sambadrom* errichtet, in dem täglich eine *Super-Sexy-Samba-Show* den Karneval von Rio nachzeichnet. Die karibische Atmosphäre des Bades wird die temperamentvolle Vorstellung der heißblütigen Tänzerinnen und Tänzer gebührend unterstützen.
- In verschiedenen Kölner Stadtteilen werden feste Lagerplätze installiert, auf denen neben der malerischen Präsentation der vielfältigen Kostüme bei Bedarf auch ein Programm geboten werden kann. Im Osten der Stadt lagern die *Hunnenhorden* (Ostmerheim), die *Kölschen Mandelas/Vereinigte Negerköpp* werden im Süden (Rodenkirchen) plaziert, in Weiden die *Römergarde* in einem Orginal-Römerlager. Die Traditionskorps erhalten rund um ihre Hochburgen feste Stellplätze...

Diese dezentrale Struktur ermöglicht eine vielfältige Nutzung der unterschiedlichen Angebote und trägt außerdem dem seit Anfang der neunziger Jahre in Köln gepflegten Ansatz der Stadtteilkultur weitgehend Rechnung. Er vermeidet eine allzu große Konzentration des Kulturangebotes in der Innenstadt und bietet auch im Stadtteil kulturelle und unterhaltende Erlebnisbereiche.

▶ Die Angebote zu erlebnisintensiven Packages schnüren

Damit eine angemessene Nutzung des vielfältigen Angebotes gewährleistet ist, bedarf es neben regelmäßiger allgemeiner Übersichten, etwa in der Form einer Zeitung, gezielter Reise- und Erlebnisangebote. Neben saisonal bezogenen Themen (Karneval der Jahreszeiten, Ein Rosen-Montag im Mai, Ostern mit Prinz Karneval, Ein Tünnes steckt in jedem August) sollten zielgruppengerechte Packages geschnürt werden. Dabei ist auf die bisherigen Erfahrungen der Kölner Hotels zurückzugreifen.[13] KölnKarneval will hier nicht der Eigeninitiative so erfolgreicher Unternehmungen wie »Take Five« oder »Die Sieben« vorgreifen. Deshalb nur einige beispielhafte Vorschläge:
- Package »*Romanischer Karneval*«: Besuch einer Karnevalsveranstaltung nach Wahl, Besuch der romanischen Kirchen, Besuch im Römer-Lager (Weiden).
- Package »*Multikulti*«: Besuch der Lager von Hunnenhorde, Kölsche Mandelas/Vereinigte Negerköpp; Besuch der Super-Sexy-Samba-Show inkl. ein Tag Aqualand.
- Package »*Amazonenland*«: Umfragen haben immer wieder ergeben, daß Angebote für Frauen nachgefragt, aber selten angeboten werden. Vorschlag: Teilnahme am Frauenkarneval inkl. *Wieverfastelovend* im

---

13 Kölner Hotels bieten bereits seit Jahren erfolgreich Packages zum »Karneval in Köln« (inkl. Karten für Karnevalsumzüge, Nutzung von Schwimmbad und Sauna etc.) an.

Rahmen des *Veedelszoochs* (Mediapark), Stadtrundfahrt für Frauen, Besuch im Aqualand mit Frauenprogramm.

- Package »*Kölner Karneval*«: Besuch der Standardveranstaltungen Donnerstag bis Montag.
- Die autochthone Bevölkerung von Anfang an in das Umbauprogramm einbeziehen

Umstrukturierungen in der von uns vorgeschlagenen visionären Größenordnung lassen sich nicht ohne Unterstützung aus der Bevölkerung realisieren. An anderen Festspielorten ist es anläßlich derartiger Veränderungen immer wieder zu Unruhen und Störungen gekommen. Verwiesen sei an dieser Stelle nur auf die Ausschreitungen in Oberammergau im letzten Jahr.[14] Obwohl in jedem Falle ein hoher Identifikationsgrad mit den avisierten Projekten vorlag, haben deren oft geringfügige Anforderungen im privaten Bereich für Verwirrung gesorgt. Die Ursachen lagen vor allem in einer unzureichenden Vermittlung der Pläne und von deren Zielvorstellungen. Häufig wurde auch nicht dem regionalen Volkscharakter Rechnung getragen. Gerade hier gibt es für KölnKarneval hervorragende Anknüpfungspunkte.

▶ Der kölnische Volkscharakter gilt allgemein als umgänglich: »Der Kölner ist kein Typ, der sich politisch hart auseinandersetzt; er geht den Weg des Klüngels.«[15] Dabei verfährt er nach der Prämisse des Gebens und Nehmens. Die Feste werden gefeiert, wie sie fallen. Intellektuellen Vorhaltungen begegnen die Kölner mit einem ausgeprägten Wir-Gefühl. Die von KölnKarneval angestrebten Veränderungen sollten deshalb vor allem an das Kölner Selbstwertgefühl appellieren. Als Motiv sei an einen Ausspruch des legendären FK-Präsidenten Bernd Assenmacher erinnert, der einem Kritiker des (Kölner) Karnevals entgegenhielt: »*Mir ist klar, daß Ihnen das kölsche Herz und Gemüt fehlt.*«

Aus taktischen Gründen sollte auch die bislang gescheiterte Kampagne für ein Karnevalsmuseum[16] wieder aufgenommen werden. Wenn schon kein eigenes Museum errichtet werden kann, sollte zumindest eine angemessene Dauerpräsentation des KölnKarnevals im repräsentativen Völkerkunde-Museum gewährleistet sein. Gedacht ist hier an eine auch touristenwirksame Präsentation der Bütt, der Blutwoosch, der Kamelle, des Köbes oder des Nubbel.

▶ In der Vergangenheit hat sich gezeigt, daß die Kölner Bevölkerung für Feste immer zu begeistern ist. Erinnert sei an die seit 1988 im Fünfjahresturnus gefeierte Wiederentdeckung der Kölner Ringe als Boulevard.

14 Vgl. dazu Süddeutsche Zeitung vom 14. 8.1997, S. 3, »Da wackelt das Kreuz«.
15 Vgl. hierzu die umfangreiche Literatur.
16 Die bisher vergeblichen Bemühungen um ein repräsentatives Museum für den Kölnischen Karneval sind in der Dimension ihres tragischen Scheiterns nur noch den bisher vergeblichen Bemühungen um die Errichtung eines Kölner Sportmuseums vergleichbar.

Die am heutigen Standard gemessen wenig professionell gestalteten Einweihungen dürften KölnKarneval ermuntern und gleichzeitig als (verbesserungswürdige) Orientierung dienen.

Als begleitende Maßnahmen schon in der Planungsphase empfehlen wir:

- ständige Appelle des OB, aber auch anderer Politiker, an die Kölner, sich für die Schönheit der Stadt, die eigentlichen kölschen Feste, das Kölsch, aber auch für das Kölnisch Wasser einzusetzen
- im Einvernehmen mit der Lokalpresse regelmäßige Berichte über auch weniger prominenten Besuch in Köln, um so auch mental an die Anwesenheit einer großer Anzahl von Unbekannten zu gewöhnen
- den kontinuierlichen Einsatz von Traditionskorps, karnevalistischen Rednern und Musikgruppen über das ganze Jahr, um eine Gewöhnung an die ständige Präsenz des Karnevals zu erreichen
- die Verstetigung und Ausweitung regelmäßiger Veranstaltungen wie etwa die Sommerlager der Hunnenhorden, um einen fließenden Übergang zu ermöglichen
- eine Ausweitung des Bildungsangebotes und die regelmäßige Durchführung von Intensivkursen »Feiern lernen«. Gerade hier scheint eine der zentralen Herausforderungen zu liegen. Durch die Zunahme der alleinerziehenden Elternteile ist eine schon frühkindliche Heranführung an den KölnKarneval zunehmend gefährdet. Die *karnevalistische Sozialisation* findet in der Regel nicht mehr in der Familie statt. Dadurch wird ein Engagement für den Karneval zwar nicht verunmöglicht, aber erschwert. Die heranwachsenden Karnevalsmuffel bedürfen eines Schlüsselerlebnisses, das ihnen möglichst früh mit Mitteln der *Erlebnispädagogik* nahegebracht werden sollte. Hier bieten z.B. die sommerlichen Stadtranderholungen für Kinder ein noch unbeackertes Terrain.

Unabhängig von der Notwendigkeit, *die Entwicklung von KölnKarnevalsbewußtsein* mit allen zur Verfügung stehenden Mitteln zu unterstützen, sollte man auch den Einfluß der eingefleischten Karnevalsgegner nicht unterschätzen

Es handelt sich hierbei oftmals um Menschen, die ursprünglich dem Volksfest eng verbunden waren. Oft nicht genauer zu spezifizierende Gründe[17] scheinen zur Abkehr vom gelebten Brauchtum geführt zu haben.

Es scheint, daß hier Heimatgefühle, Sehnsüchte der Kindheit, der Wunsch nach Geborgenheit oder persönlicher Geltungsdrang verletzt worden sind.

Da derlei Gründe kaum argumentativ zu widerlegen sind, sollte man zu anderen Mitteln greifen. Wir schlagen deshalb vor, parallel zum weiteren Aufbau der KölnKarneval Betriebs- und Servicegesellschaft mbH die Möglichkeit von *Last-Minute-Fluchten* über den Flughafen Köln-Wahn

---

17   Unsere Umfrage verweist hier auf den Kölner Volkscharakter. Rationale Gründe gegen Köln-Karneval konnte keiner der rund 18.000 Befragten angeben.

anzubieten. *Last-Minute-Fluchten* von Köln-Wahn sollten 10% billiger sein als vergleichbare Flüge:

- die Maßnahmen fördern das Fluggast-Aufkommen des Kölner Flughafens;
- sie lenken die Aufmerksamkeit auf das breite Service-Angebot von KölnKarneval;
- sie schaffen last but not least *zufriedene Karnevalsgegner.*

Damit fördern sie nicht nur die Kölner Wirtschaft, sondern auch den sozialen Frieden in der Stadt.

Da capo.

Stunksitzung 1984 - 1991.

*D*ie Friedensbewegung hatte nichts erreicht, die Mittelstreckenraketen kamen, Ronald Reagan machte mit starken Sprüchen geistig mobil – Zeit für den Bunker.

Bunkerlied
Melodie: »Da laachste dich kapott, dat nennt mer Cämping«

Da jon mer all kapott
Jürgen Becker und
Martina Klinke

Atomalarm, jetz jeit et los
die Mam säht, wat mach ich bloß
ich han doch noch en Hämchen in der Kasseroll
der Vater säht, dat mäht doch nix
kum in de Bunker jetzt janz fix
kum mach flück, sonst sin se nachher brechend voll

Unsre Stadt hät nit jespart
ungerm Dom wed upjemaht
tausend Mann jon rin, mir wolln die etsten sin
un die Maiers sin at do och die Wienands is doch klor
sach, wo jon denn all die andre Minsche hin

Refrain
Da jon mer all kapott, dat is Atomkrieg
da jon mer all kapott, dat finge mer schön
wenn mir im Bunker kräftig friere und danach im Suff krepiere
ja dann sin dat alles echte kölsche Tön
wenn mir im Bunker kräftig friere und danach im Suff krepiere
ja dann sin dat alles echte kölsche Tön

Küppers Kölsch is och dabei
jeder hät zehn Liter frei
un die Bläck Fööss spielen jrad dat Spanienleed
die Prominenz hät sich verdrück
he sin nur noch normale Lück
weshalb dat he och jetzt en schöne Party weed

Dat wed die letzte Feier sein
für uns Lückscher he am Rhein
jut, dat mir jetzt he en Bombenstimmung han
Humor is, wenn man trotzdem lacht
sich nit in de Botze macht
weil man sowieso nix mehr dran ändere kann

Refrain s.o.

Einer der Ankommer auf der ersten Stunksitzung war Rainer Rübhausens »Allzeit Breit GmbS« (Gesellschaft mit beschränkten Stempeln). Allzeit Breit präsentierte sich als Alternativbetrieb neuen Typs nach der Devise: Den Kapitalismus rechts überholen! Bemerkenswert, wie die Wirklichkeit diesen Sketch eingeholt hat.

Zwanzig Randalierer auf Bestellschein
Rainer Rübhausen als Herbert Hai

(Telefon klingelt)

Allzeit Breit GmbS, Herbert Hai! ... Ah, guten Tag, Herr Doktor ... Ah, es geht um die große Wende-Demo am Samstag ... Ja, ja, Herr Doktor, Ho-ho-ho-ho-Chi Minh, das waren noch Zeiten, was? Trau keinem über dreißig, poliert den Professoren die Fresse! ... Ach so, ja, ja, verstehe, wichtige Verpflichtung ... Grillparty ... ja, ja, und man ist schnell kriminalisiert! ... nein, wegen sowas muß man ja nicht unbedingt seine Stellung aufs Spiel setzen ... nein, nein ... Sie kennen ja unser Motto: ›Haben Sie Schlottern in die Knie, Allzeit Breit kämpft für Sie‹! ... ja, wieviel? 15 Leute? ... 15 Mark pro Kopf und Nase und Stunde ... Bedingungen bekannt ... Konto-Nr. haben Sie ja? Tschüß, Herr Doktor! ... ja, schönes Fest noch ...

(ring! ring!)

Allzeit Breit GmbS, Herbert Hai! ... Ah, guten Morgen Hochwürden! ... hm ... hahaha, hohoho (zum Publikum:) Er erzählt schon wieder einen Nonnenwitz! ... hahaha, hohoho, ja, sehr lustig! ... Was gibt's Neues, Hochwürden? ... Ach, Passionsspiele, jetzt auch in Köln? ... so 'ne richtig große Sache?! ... durch die Schildergasse zum Dom ... und dann ... Kreuzigung! ... is' ja ne Wucht! ... Legionäre haben Se schon genug ... macht die Freiwillige Feuerwehr aus Immendorf ... schade ... ah, die haben keine Langhaarigen ... für ans Kreuz! ... nein, kein Problem für uns, Hochwürden ... machen wir gerne ... ach, nicht daß ich es vergesse, Allzeit Breit bedankt sich noch mal recht herzlich für den leckeren Meßwein ... letztens, ja, fürs Dreikönigsingen! Haben wir doch auch nett gemacht, nich? ... so, gesegnete Ostern! Tschüß, Hochwürden! (zum Publikum:) Urban et Aldi ...

(ring! ring!)

Allzeit Breit GmbS ! ... Uuaahh!! Da fallen einem ja die Ohren ab!! ›Weg mit dem Scheißsystem, weg mit dem Scheißsystem‹! Das müssen die Autonomen sein! Macht die Musik leise!!! Ja, was gibt's, Leute? ... Aufruhr ... Zoffen ... Hinterland aufwischen ... Widerstand ... Putzen ... ja, ja, ich weiß! ... Für die Samstag-Demo ... na und? ... ach, wie immer zu wenig! ... Wieviel braucht ihr? ... 20 Leute! ...

(ring!)

Moment mal! ...

Ja, Allzeit Breit, Herbert Hai! ... oh, Herr Kriminal Hauptwebel äh Kommissär! ... wie geht's denn zu Hause? Was macht die kleine Melanie? ... ach, sie hat den Nachbarhund erschossen! ... mit der Dienstwumme! ... wie süß! ... ja, bei uns läuft's wie geschmiert ... (anderer Hörer:) Moment noch! ... Was liegt denn an, Komissärchen? ... für die Samstag-Demo, äh, 20 Provokateure ... ja, ich schau mal in die Kartei ... (zu sich/Publikum:) Wir haben jetzt noch 20 Leute – die Bullen wollen 20 Provokateure – die Autonomen 20 Randalierer – äh ... ja ... ich meine ... äh, geht doch ... (beide Hörer am Ohr:) Wir haben gerade noch 20 Leute! Geht also in Ordnung! Wünschen noch guten Zoff! Auf unsere Steine kann man bauen, tschüß!!!

(ring! ring!)

Allzeit Breit GmbS, Herbert Hai! ... Wer bitte? ... Komitee gegen den Hunger in der ganzen Welt?! ... Ja, ja! Da muß wirklich was passieren ... und zwar schnell ... nänä, die ewige Laberei bringt wirklich nix ... ja, die müssen einfach mehr mampfen, mampfen??! ... Ach, eine Show für Afrika! ... ja prächtig ... guter Einfall ... aber? ... ihr braucht noch einen auf die Bühne?! ... ja schön ... sollte nicht zu dick sein ... wäre gut, wenn man die Rippen schon säh ... und .. ach ganz, äh ... du meinst ganz ohne Kleider ... ja, machen wir auch schon mal ... und dann mit Windmaschine?! ... ? ... ach so! Du meinst praktisch: Nackt im Wind? ... Ja, geht in Ordnung...

(ring! ring!)

Allzeit Breit GmbS, Herbert Hai! ... Ach, du bist's, Humphrey! ... bist du der Elli noch auf den Fersen? ... Ja, ich schreib mit ... 9 Uhr 30: Haus verlassen ... 10 Uhr: Wolladen ... eineinhalb Stunden ... 50 Gramm Mohair ... 100 Gramm Alpaka ... 100 Gramm rote Baumwolle ... sach mal, bist du bescheuert?! ... danach auf dem Nippeser Markt einkaufen ... Tüte mit Äpfeln ... fallengelassen .. du hast sie aufgehoben ... dann mit ihr im Café Krümel ... Kakao mit Sahne ... wie? Du hast ihr gesagt: ich schau dir in die Augen, Kleines!?? ... Es ist mir scheißegal, daß sie die schönsten blauen Augen westlich vom Unikum hat!!!! Du sollst herauskriegen, ob sie was mit nem anderen Typen hat!!! ... Was soll das heißen??! ›Den mach ich platt‹!? ... und jetzt? ... nein! Urlaub kommt nicht in Frage! ... ja, aber! ... Humphrey?! ... Humphrey?! ... aufgelegt! Unser bester Mann!

Und dann sagte er noch: ›Ich glaube, das ist der Beginn einer großen Freundschaft!‹ ...

Büttenrede

Jürgen Becker

Einmarsch, Tusch.

Neulich han isch dä jetroffe, do sät dä doch für misch ...

TÄTÄH!

Do saren isch für den ...

TÄTÄH!

Näh, sät dä für misch, wie kanze sujet sare ...

TÄTÄH!

Jo, saren isch, isch sach et wie et es ...

TÄTÄH!

Do sät da doch für misch: Dat sähs du suh.

TÄTÄH!

Do han isch für dä jesat: Do sähste jet!

3 TÄTÄH und Abmarsch!

(Kommt nochmal zurück in die Bütt gelaufen und sagt:)

Ach so, isch han noch jet verjesse: Do sät dä doch für misch: Sach bloß!

TÄTÄH TÄTÄH TÄTÄH!

Endgültiger Abmarsch.

Das war ...
Spitzen-kacke!
Josef Hense als Juppi, die
Stimmungskanone –
unvergessen!

Marieche opjepass!
Funken-Manfred (Rainer
Rübhausen) kütt

TV-Karneval
Angelika Pohlert und
Günter Ottemeier feiern mit

Bühne frei für den Vertreter einer besonderen Spielart grüner Politik – *das Wort hat der Kollege vom öko-libertären Flügel, Rudolf B.*

Wollt Ihr das totale Biotop?
Wolfgang Nitschke als Öko-Hysteriker

Gott! Göttin! Und Dämonen!

Liebe deutsche Gartenzwerge und Taubenzüchter!

Es ist die große Maschine, die Fabrik-, Büro- und Plastikgesellschaft, über deren allgegenwärtigem Eingang geschrieben steht: »Ihr, die Ihr hier eingeht, laßt alle Hoffnung fahren!« Diese Zivilisation ist ein einziges Kreuz, an das unablässig Menschensohn und Menschentochter geschlagen werden. Tiere und Bäume kreuzigen wir gleich mit.

Unsere Wälder – puttemacht
Wolfgang Nitschke als deutscher Gartenzwerg

Unsere Wohnstuben – Beton! Unsere Wege – Asphalt! Unsere Wälder – puttemacht! Unser Happihappi – Gift! Und unsere Herzen – kalte Asche! Wir, die ökolibertären, haben mit den Zeugen Jehovas mindestens einen Punkt gemeinsam, und zwar: Beide sind wir zutiefst davon überzeugt, daß am kommenden Dienstag die Welt untergehen wird. Wenn wir nicht mit Volldampf den Rückwärtsgang einlegen, wird es bis zum Jahresende massenhaft, ich sage massenhaft singende Küchenschaben mit fünf Köpfen und vier Meter langen Beinen geben. Der Beton bringt uns um!

Wie menschlich dagegen ist die kommunitäre Gemeinschaft eines kleinen Dorfes, Prüm z.B. oder etwa Heisterbacherrott ... Wie wärmespendend dagegen ist die liebevolle, therapeutische Bezugsgruppe, wo wir endlich wieder lernen zu sprechen, ohne zu denken ... Wie autistisch, äh, authentisch wird unser ganzheitlicher Alltag werden, wenn wir uns an den Händen nehmen und bubu machen ... Welch göttliche Befreiung werden wir dann erleben durch die Revolution unserer Herzen, wenn wir wieder fähig sind, so spontan zu lächeln wie der kleine Säugling von drei Monaten. Unsere süße Bauhütte wird sein:

so bio- und so kreisläufig, so Inzucht und so friedlich,
so überschaubar und intim, so ökologisch und klimbim,
so artverwandt und einheitlich, hygienisch, eng und reinheitlich.
Oh Herr, schmeiß alles andere, nur nicht Hirn vom Himmel!

Volksgenossen und -genossinnen!
Wir deutsche Gartenzwerge und Zipfelmützen sind ein naturverbundenes, friedliebendes und therapiesüchtiges Volk. Die geschändete Volksseele wird sich erheben zur Endlösung der Zivilisationsfrage. Es wird der Beginn eines schönen, neuen 1000jährigen Reiches sein. Eine gute alte traditionsreiche Weisheit sagt: Wir sind nicht rechts, und schon gar nicht links, wir sind vorn! Es lebe der Vornismus! Wir müssen die Industrie putte machen! Schafft zwei, drei, viele Heisterbacherrotts!

Meine lieben Freunde und Freundinnen!
Wir kommen jetzt zur Abstimmung. Ich frage Euch:
Wollt ihr das totale Biotop???

Ein gelungenes Finale – die Reise durch die närrischen Hochburgen dieser Welt zwischen Köln, Rio, Düsseldorf und Rom, wo Woityla Superstar zur Musik von »Jesus Christ, Superstar« das bestrapste Tanzbein schwingt. Wir schalten um nach Düsseldorf:

Woityla – Superstar
Das Finale

Wir befinden uns am Zugweg im Herzen der Altstadt. Neben mir steht Lotti Krekel!
Lotti, wir haben noch einige Minuten Zeit und deshalb kurz eine Frage, die unsere Zuschauer wahnsinnig interessiert: Lotti, wie kamst du eigentlich auf dieses schöne Lied, was aus dem Düsseldorfer Karneval einfach nicht mehr wegzudenken ist?

Ja, äh, ... welches Liedchen ...?

Na, du weißt doch ...

Ja, ich weiß doch jetzt gar nicht mehr ...

Na, das Lied, wo du den Kühlschrank aufge...

Hallo Lotti
Martina Bajohr und
Dorothee Koof

Ach, dat Histörchen meinen Sie! Ja, also, ich war mit meinen Freundinnen einen heben, und da ham wir so'n bißchen über unseren Durst, na, Sie kennen dat ja, und dann kam ich nach Hause, war schon spät, und ich hatte noch so'n großen Hunger, nee? Und da bin ich zum Kühlschrank, und wat meinen Sie, wat da noch jelegen hat, dat können Sie sich nit vorstellen!!

Nein, das kann ich mir beim besten Willen nicht vorstellen!!

Da lagen – Sie glauben et nich – 2 Humba und ein angebrochenes Täterä! Und da hab ich vor lauter Freude gesungen: Humba, humba, humba, täterä, täterä, ...

Vielen Dank, ich gebe weiter nach Rom, Rom, bitte melden!

Halli-Galli, liebe Zuschauer!
Ähm, Halleluja, meine sehr verehrten Damen und Herrn!
Wir befinden uns hier in den heiligen Hallen des Petersdoms. Sie sehen das alte, ehrwürdige Hauptschiff dieses gottverdammten Marmorhaufens. Hier sind vereint unter dem diesjährigen Motto: ›Sie bauten ein Abziehbild des Himmels‹: Ihre Jungfäulichkeit Funkenmaria, deren Tochter Sohn, und der hl. Himbeergeist, Prinz Waldfried der 14. Der hl. Papi wird in wenigen Minuten den diesjährigen Karnevalssegen ›Zugi et Kütti‹, ›Narri et Kappi‹ und ›Lari et Fari‹ über uns ergießen. Ich werde nun ver-

suchen, bevor das tierische Ereignis stattfindet, mit ein paar schlichten, fragenden Worten den Papst, Herrn Woityla, zur Rede zu stellen.
Herr Papst, eine Frage im Vertrauen: Sind Sie eigentlich Süd- oder Nordpole?

Ja, mein Brudersohn, ich bin mitten unter Euch. Eins, zwei, drei, vier, Eckstein. Alles muß versteckt sein! Über mir und unter mir, links von mir und rechts von mir, an allen Seiten gildet nicht! Ich komme!!

Schön! Unser urwüchsiger Vater wird nun die Für- und Widerbitten an uns richten.

Lasset uns fürbitten und abdanken!
Vater im Himmel, gib uns ein Doppelherz für die armen dünnen Negerlein in Afrika, die da sitzen nackt im Wind!
Vater im Himmel, gib uns die Kraft, heute abend nicht einsam den Nachhauseweg anzutreten!
Vater im Himmel, wir bitten dich: Verführe uns!

Woityla, Superstar,
Wohin ich auch komme, ist Stimmung da.
Jupp-hei-di, jupp-hei-da,
Hei-didel-dei-didel-bums-fallera.

Herrgott, wir glauben an die Kraft des Rosenkranzes und der Menschenkette, an die Gewaltfreiheit und all den anderen Hokuspokus!
Vater im Himmel, wir bitten dich: Laß uns in Frieden!

Woityla, Superstar...

Vater im Himmel: verführe uns!
Finale 1985

Gepinkelt wird immer
Auf dem Gürzenichklo
Irma Euwens und
Günter Ottemeier

**Ich brech die Herzen
der stolzesten Fraun**
Martina Klinke und
Dorothee Koof

Erotische Körperarbeit
Die drei Goldmänner
Heiner Kämmer,
Heiner Kötter und
Wolfgang Nitschke

Das Breigehirn
Martina Bajohr,
Günter Ottemeier und
Rainer Rübhausen

*D*ie Bhagwan-Jünger hatten das Belgische Viertel zum Rot-Distrikt der Kölner Innenstadt gemacht. Höchste Zeit für einen Besuch des Meisters in der Studiobühne.

Have a Betroffenheit!
Wolfgang Nitschke als Bhagwan (†)

A laaf you!
Because the Germans have the power to make dictatorship of happiness

Good evening, my dear friends! Love and peace!

I am happy to be here with you.

I am proud to be in Germany, because Germany is my favourite country. Ohoho, Germany is the only country in the world, where the critical people make the same crazy shit as the other part of the people.

I have broken my silence.

I have said to my lovers: »Throw away the malas, don't have orange! But make bubu forever! Because time has come!«

My lovers asked me: »Guru-guru, why has time come?«

I answered my pussycats: »Every day, everywhere I had said: Destroy the past! Forget the future! Shit in your brain and have a betroffenheit! And then I saw – oh what a surprise! All the other critical people, who are not my lovers, have made exactly that what I have said. All the people of the Friedensbewegung, of the Frauensbewegung, of the ecology-Bewegung, all the people in the workshops and in the concentration-camps are following my program: The world is bad – the politics are bad – critics are bad – brain is bad! You are only interested in your betroffenheit! Life is without vibrations! Life is wishy-washy! You must take the vibrations by yourself and you must feel betroffenheit! That's my program!«

And so the Friedensbewegung, the people of the non-violence-quatsch, they don't fight against war, they only put their hands together in a long, long line of people, and so they are very betroffen and have a good feelin'. And the Frauens-liberation, the frauens, they have emancipated from themselves. They say: The physical world is ugly! The metaphysical world is so fine and shiny, without men and any problems! And when they sit together, they have a great betroffenheit and a very good feelin'.

And the green men! Ohoho, the green party men! They are crazy too! They want to be the fool on a hill and to be happy in the forest! And if they know, the end of the world will be tomorrow, they will plant an äpfel-bäumschen.

And all the other workshopper, wirshipper and crazydriver, they all want together only the feeling of absolutely life! The next war will give them a chance!

You see, my lovers, I am the ideal gesamttheoretiker of this age and the old song that I sing is the bloody middle-class-blues.

And now I am in Germany, because the Germans have the power to make dictatorship of happiness, the underground of a happy dictatorship, for all over the world.

Good bye!

Alaaf! Alaaf! A laaf you!

Was ist Stunksitzung?

Ein Erklärungsversuch in der Sprache Hermann van Veens mit Josef Hense und Heiner Kämmer.

H: Komm mal her! Was ist das hier? Was ist das hier?

B: Das ist ein Stunksitzung, mein Freund!

Ah, ein Stunksitzung! Und was soll das, ein Stunksitzung, Bürschchen?

Ein Stunksitzung ist ein Karnevalssitzung von Alternative für das ganze alternative Spektrum.

Und kommen viel Leute her?

Ja, ja, eine ganze Menge. Fast alle!

Und was sollen diese ganzen Alternativen hier, Bürschchen?

Sie wollen soo viel Revolution und soo ein bißchen lustig. Und sie bekommen soo ein bißchen Politik und soo viel Blödsinn!

Es ist also nicht lustig, und es ist keine Politik!?

Doch, es ist ein bißchen lustige Politik!

Und was ist mit Revolution, Bürschchen?

Revolution ist Blödsinn!

Dann ist also Stunksitzung reiner Blödsinn?

Nein ... es ist vielmehr revolutionärer Blödsinn ... oder ... blödsinnige Revolution ...?

HmmmHmm, ist nicht schlimm, wenn man nicht weiß wo's langgeht, nein, ist nicht schlimm, muß man nur sagen!
Müssen wir jetzt sagen.
B/H: Entschuldigung, Kollegen!

So ein bißchen Politik und sooo viel Blödsinn
Josef Hense und
Heiner Kämmer

Sie wichsen, wir mixen!
IN-VITRO-LIFE mit Martina Bajohr.

Jetzt noch einmal aufgepaßt, noch einmal hergeschaut! Heute, zum letzten Mal hier für Sie auf der Schildergasse, der Verkaufsstand der Firma IN-VI-TRO-LIFE!

IN-VITRO-LIFE – Die Kölner würden sagen ›Leben aus dem Döschen‹ – bietet, getreu dem Motto:
Schönheit, Klugheit und viel Geld
Leben aus der Profiwelt,
Ihnen Ihr ganz persönliches Traumkind.
Egal ob Sie Ärztin oder Putzfrau, Rechtsanwältin oder Friseuse, Hausfrau oder Fotomodell sind – Dank der Firma IN-VITRO-LIFE ist Kinderkriegen ein Kinderspiel. Bequem, sauber, preiswert.
Einfach eine tolle Sache!
Sie überlassen nichts mehr dem Zufall.

Einfach eine tolle Sache
Leben aus dem Döschen

Sie planen Ihr Wunschkind – O-Beine, abstehende Ohren, klein, dick, dumm – diese Behinderungen gehören der Vergangenheit an.
Oder denken Sie an die Geißeln der Menschheit: Schwule, Lesben, Kommunismus, Feminismus, Schwachsinnige, Krüppel, endlich ausgerottet!
Dank der Firma IN-VITRO-LIFE
Heute heißt es:
Blaue Augen, blondes Haar
so arisch, einfach wunderbar.
Nun werden Sie sich fragen, wie komme ich zu einem solchen Wunderkind? Die Firma IN-VITRO-LIFE hat Ihnen zwei Möglichkeiten anzubieten:
Erste Möglichkeit: Ganz Frau sein durch eigene Schwangerschaft. Wachsendes Leben in sich spüren, Vollkommenheit des Seins durch Symbiose von Körper und Geist, Schmerz und Lust werden eins, wenn im Mysterium der Geburt neues Leben das Licht der Welt erblickt. Sie werden Mutter! Nach dem Motto: Bequem, sauber, preiswert. Mit der Einweg-Baby-Spritz-Kanüle der Firma IN-VITRO-LIFE. Wir nehmen die Kanüle, ziehen langsam den Embryonensaft auf – ein kurzer Blick – fehlt ein Ärmchen oder Beinchen? – Einführen – abspritzen. Eine ganz saubere Sache!
An jedem Ort, zu jeder Zeit
IN-VITRO, Ihre Fruchtbarkeit.
Zweite Möglichkeit: Ganz Frau sein durch eigene Karriere, Erfolg und Mutterglück. Sie, meine Dame, haben bereits die Chefetage erobert. Sie sind von der Natur mit einem makellosen Körper ausgestattet, Ihr Körper ist Ihr Kapital! Ich sage da immer: Warum sich die Figur versauen, wir machen's bei den Negerfrauen. Die Firma IN-VITRO-LIFE hat für Sie

So haben wir die Frauen doch am liebsten, meine Herren!

Brutfarmen mit ausgesuchten Leihmüttern in Mexiko, Anatolien, Brasilien und Schwarzafrika. Erdverbundenheit, Naturverbundenheit, urwüchsige Körperlichkeit. Nehmen wir zum Beispiel die Frau in Südafrika: Eingebettet in den Kreislauf der Natur, in der wärmenden Sonne sitzend. Eins mit ihrem Körper und sich selbst. Der Rhythmus des Maisstampfens findet sich wieder im Rhythmus ihres Herzschlages.

Ein primitives, glücklich-lustvolles Dasein! Welch wohlige Umgebung für ihr Embryo!

Sie planen ihr Wunschkind.

Sie wichsen – wir mixen.

Ihnen den Gen-Shake mit dem gewissen Extra! Und nun heißt es aufgepaßt und hergeschaut! Nun zeige ich Ihnen einige Modelle aus unserem reichhaltigen Angebot:

Sie sind jung, dynamisch, voller Leben? Dann nehmen sie unser Modell ›Shakin Stevens‹. Das Baby mit Pep und Drive! Wahlweise in den Farben Neon-Grün, Neon-Blau, Neon-Rot. Ihr strahlendes Accessoire für jedes Fest, für jede Disko. Daran kann man doch wirklich nicht vorbeigehen.

Für die Leistungsbewußten unter Ihnen haben wir das Modell ›Sten‹. Eine gelungen Mischung aus Boris Becker, Götz Schimanski und Richard von Weizsäcker. Leistungsstärke, Körperkraft und Weisheit in vollkommener Kombination. Das ist doch nun wirklich ein Beispiel für deutsche Wertarbeit!

Und nun noch einmal aufgepaßt, jetzt kommen wir zum Clou unseres Angebots. Aus dem Land der Superlative das Modell ›Mixed to be wild‹. Kraftvoll, explosiv, erfolgreich. Die Kampfkraft Rambo Stallones, die Potenz von James Bond 007 und die Durchsetzungskraft von J.R. Ewing Oil.

Die Firma IN-VITRO-LIFE bietet Ihnen natürlich auch weibliche Modelle:

Da hätten wir das Modell ›Arbeitstierchen‹: Hörig, willenlos, fleißig, genügsam. Einsatzbereit zu jeder Tages- und Nachtzeit. Garantiert schweißlos! In Küche, Bad, WC – immer eine kleine Fee. Auf Wunsch in PVC!

Und nun, meine Herrschaften, kommen wir zu IN-VITROs Krönung. Was ich Ihnen jetzt zeige, davon haben Sie bisher nur zu träumen gewagt: Das Modell ›Zelig‹. Das weibliche Chamäleon! Mal Nonne, Krankenschwester oder Callgirl.

Mal schwarz, mal blond, mal braun, mandeläugig, katzenäugig, rehäugig.

Meine Herrschaften, wer hat davon noch nicht geträumt? Und nun seien Sie mal ehrlich, meine Herren: So haben wir die Frauen doch am liebsten!

Lauter Betroffene
Tierversuche:
einerseits – andererseits
(Thomas Pfaff, Doris
Dietzold,
Günter Ottemeier,
Doro Egelhaaf,
Heiner Kämmer)

**Gatscheks Freunde auf
dem Packeis**
Martina Schwarz, Bobbel
Waubert de Puiseau,
Lars Schnattbaum,
Winnie Walgenbach,
Didi Jünemann,
Bruno Schmitz

Let the Prince in...
Finale 1986

Das neue Museum Ludwig war gerade eröffnet, Köln war endlich in die erste Reihe der europäischen Kulturmetropolen aufgerückt. Das hatte sich allerdings noch nicht bis in den letzten Winkel von Nippes herumgesprochen. Und so kam es bei der Premierenfeier für's Museum zwischen Laser-Feuerwerk und Stockhausen-Musik am Rhein zu einer Begegnung zwischen dem alten und dem neuen Köln:

Tünnes meets Schäl at the opera.
Die Szene unter sich –
Angelika Pohlert und Jürgen Becker.

(Angelika:) Gestern war ich übrigens im Hammerstein's. Rat mal, wer auch da war ... Bernhard, natürlich Bernhard, mit dem war ich ja unterwegs. Ich rede von der sogenannten Prominenz ... Niedecken, wer dreht sich denn danach noch um, Ina Deter, ach, gib's auf ... Tina Turner. Ich saß quasi neben ihr ... wenn die den Eingang nicht so dämlich vorgezogen hätten, Du weißt schon, der Glaskasten, ... Milchglas! (Jürgen:) Die alten Kölner sterben ja all weg: Willi Ostermann ist tot, Adenauer ist tot, Böll ist tot, ich freu mich immer, dat der Millowitsch noch lebt. ... *den ganzen Abend unterwegs, erst Schröder's, dann André's, Ekkstein's, Gernot's, Hammerstein's ...* Jolde Kappes, auf der Neusser, sicher kenn ich dat, aber wann war ich dat letzte Mal in Nippes, frag mich nit. *Zum Schluß? Wie immer, ins Pink Schampain, und um fünf weiß man dann wirklich nicht mehr, wo man noch hingehen soll. Letztes Wochenende in Paris ging's um diese Zeit erst richtig los ... und weißt Du noch in New York, morgens um sechs ... Actionpainting!!* Ja, da hammse den jungen Leuten früher den Koitus Interruptus mit erklärt: Brauchst ja nit bis Köln durchfahren, kanns ja in

...kanns ja in Nippes aussteigen...

Nippes aussteigen. Da ist man ja heute janz von abgekommen. Sind dann doch zu viele bis ins Agnes-Viertel durchgerutscht. ... *Und dann war's auch schon passiert. Das ganze Terpentin über die Leinwand ... Zwei Tage Arbeit ... schwupp ... weg, und das nach seinem Aufsatz über die völlige Entleerung des Bildes bis auf den Grund, naja, jedenfalls hat er es ›Sandoz‹ genannt und für 15.000 DM an die Stiftung City Treff verkauft ...* Ich mein, Weltstadt schön und gut, aber so gesehn ist doch Köln viel zu ausländerfeindlich. Der Kölner is ja so ausländerfeindlich, dat dat für die Ausländer schon fast wieder gut is. Wolln mal sagen, für einen aussem Eigelsteinviertel is doch ein Kalker oder gar ein Höhenberger in jedem Fall Ausländer. Ob dat nu en Spanier, Grieche, Mollukker oder ne Deutsche is, spielt keine Rolle, für den sin dat Ausländer, persé, möcht ich sagen, Höhenberg is Ausland, persé. Umjekehrt, ein Ghanese aus Raderthal is in Neubrück genauso Ausländer wie ne Mülheimerin in Rath-Heumar. Dünnwald und Bickendorf kann man nicht vergleichen. ... *Spaghetti con alice e olive, mit Sardellen und Oliven, köstlich, sag ich dir, 10 frische Basilikumblätter dazu, 1 Teelöffel Kapern, 1 Schuß trockener Weißwein ... Holger von den drei Tornados meint ja, den Spaghettis haftet eine gewisse Vorläufigkeit an ... Mir hat's geschmeckt.* Mal anders jesprochen, umjekehrt is der Ausländer in Köln auch schnell akzeptiert. Als Dönerkebap zum Beispiel. Ich sag ja immer, ich geh am liebsten bürgerlich essen: Türkische Pizza für zwei Mark. Da weiß man, wat mer hat. Oder für zwei Mark fünfzig mit Schafskäse noch dazu, is auch lecker. Ich sag dann immer zu dem Türken, er soll den Schafskäse vorher auf die Pizza drauf und dann mit in den Mikrowellenofen tun, dann ist dat ja quasi wie überbacken. Türkisch-Hawaii, so gesehn. Der Türke kommt da so nicht drauf, tut dat immer kalt hingennoch aufen Salat bröseln. Aber als Kölner hat man's doch gern überbacken. Aber wenn man denen das sagt, dann machen die das vorher mit drauf, und dann hat man doch gleich das Gefühl, durch diesen persönlichen Eingriff wird die türkische Pizza für zwei Mark fünfzig zur echt kölschen Spezialität. Röggelcher, halver Hahn, Flöns, Früh-Kölsch, Türk-Hawaii-Pizza-Zweifuffzig. Dat is Kulturtoleranz auf kölsch: BAP und Dönerkebap. *Ein bißchen weiter hinten hätten wir uns auf die Rheinufermauer stellen können. Da hätten wir mehr gesehen.* Ich han jrad en Droppen affjekrisch. *Also, wenn der Performer hier erreichen will, daß jeder Zuschauer was mit nach Hause nimmt, dann hat er's geschafft, bevor's überhaupt losgeht ... Ein steifer Nacken und 'n Schnupfen sind mir sicher.* Wenn se glich der Stockhausen spillen, kütt ett all runder. Musik, Schirm auf, Feuerwerk, Lichtspiele. Wie, Du kanns mit der modern Musik nix anfangen? Dat is nit modern, dat is alt, Du Jeck. Karl Orff, Karmina Perana, Du Prielent. *In solchen Dimensionen möchte ich auch mal arbeiten können, meine monumentale Provokation sprengt bald das Atelier, dabei bin ich mit den Rauminstallationen noch längst nicht fertig ... Ich hab einfach die Präsenz der Objekte und ihren inneren Widerstand gegen meine Intui-*

tion unterschätzt. *Besonders der Bakkalit-Sockel macht mir zu schaffen ... Er wehrt sich regelrecht gegen eine Symbiose mit dem Toaster.* Manch einer mach dat kitschich finden, am liebsten die weiße Preßpappe von Schminke, jibbet im Kölner Malkasten auf der Breite Straße. Mit, wie heißtet, Öltempera aus den kleinen Tuben. Malen nach Zahlen. Do hannich schon ne August Macke für die Diele fädisch, und jetzt mach ich noch en Kaspar David Friederich für et Wohnzimmer, bin ich ens jespannt..

.. dieses Zusammenspiel zweier Kräfte konfrontiert uns mit der Frage: Licht und Ton in Konkurrenz mit der Natur oder ein intensiv-knapper Dialog mit Landschaft und Architektur. Es gibt keine Antwort, keine Erklärung ... Dat is Laser, schön, ne. Wie dat funktioniert? Dat mit dem Laserstrahl jeht wie en Kanon, nur mit Leech. Wie soll ich sagen, dat Licht kommt hinten rein un wird dann jebündelt und jeht dann vorne schnell wieder raus in den Himmel und sieht dann schön aus. Kammer nich erklären. *Ins Ludwig? ... Bist Du verrückt, ich kann mich beherrschen ... ich warte, bis der Pöbel drin war, ist ja nicht zum Aushalten, der erste Ansturm, jeder Kulturbanause rennt rein, nur weil's umsonst ist.* Der Willi war ja alt drinn. Die erste Woch war ja Tag der offenen Tür, da mot der Jeck natürlich hinjonn. Der jeht ja övverall hin, wo et jet ümsüns jit. »Ich wollte doch mal sehn, was die jungen Leute in letzter Zeit so gemalt haben« sät dä. »Inner viertel Stunde war ich wieder draußen, großteil Gekläcks oder Striche un Kästchen.« *Neo Geo* Ich find ja immer, man muß was erkennen können. War et dat? *Also wenn Köln jetzt keine Weltstadt ist, dann weiß ich's auch nicht, Bernhard! Laß uns gehn.* Lass mer jonn.

Heinz Erhardt Gedicht.
Jürgen Becker.

Sollte es mir noch verbleiben
den Wahnsinn zu beschreiben:

Nun, es ist nicht kompliziert,
von Verbrechern werden wir regiert.

Drum juckt's manchen in den Fingern
deren Anzahl zu verringern.

Flugs die herrschenden Banditen
rücklings einfach umzunieten.

Die Waffen, die sie installieren,
an ihnen selber ausprobieren.

Atombetreiber aufzuscheuchen
um sie dann selber zu verseuchen,
ach ich hör sie heut schon keuchen.

Doch, selbst wenn wir uns entschließen
Ronald Reagan zu erschießen,

So müßten wir doch konsequent
auch den nächsten Präsident

Mitsamt Vertreterschar ...
eine Fleißarbeit fürwahr.

Und: Der Geist bleibt nicht gesund
Lebt er stets im Untergrund.

So wird das Attentat
dann in der Masse etwas fad

Denn:
Die Herren des Kapital
und so mancher General
riecht als Leiche fahl,

Zumal
Uns hemmt auch die Moral
im Kleinen so brutal
zu morden wie unzähligmal
eben dieses Kapital
im großen und global,

Das ist uns nicht scheißegal
und trotzdem feiern wir Karneval
hier im Saal.
Ich grüß euch all!

Noch 'n Gedicht

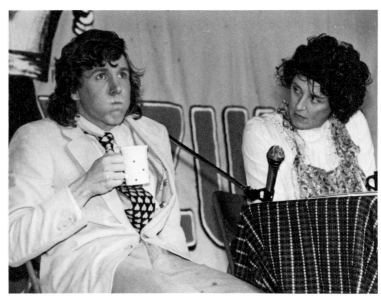

**Noch ein Täßchen,
Herr Volkszähler?**
Hans Kieseier
und Doris Dietzold

**Oh Gott, hab doch
Erbarmen...**
Das Priesterlied
mit Didi Jünemann

Alfred Bongard

Einspruch!

Narren vor Gericht.

Wieviele Richter und Staatsanwälte in den letzten sechs Jahren zu den Besuchern der Stunksitzung gehörten, ist nicht überliefert. Sicher ist hingegen, daß sie zweimal von Amts wegen eingriffen. 1988 erregte ein Plakat ihr Mißfallen, das mit dem historischen Badewannenfoto eines deutschen Politikers warb – und einer kleinen Änderung: Der Mann in der Wanne trug den Kopf des damaligen Innenministers Friedrich Zimmermann. Die Kölner Lokalpresse nahm sich der Angelegenheit an (s. nebenstehender Bericht). Weniger bekannt wurden die Folgen eines Betriebsausfluges, der Karnevalsdienstag '87 nach Ende der letzten (Comedia-Colonia-)Sitzung stattfand. Ziel war Leverkusen, wo ein leitender Mitarbeiter der Bayer AG mit alternativem karnevalistischem Brauchtum, der sogenannten Ostermann-Folter, bekannt gemacht werden sollte. Der Rechtsanwalt Alfred Bongard hatte die Sache des Karnevals und seines Präsidenten Jürgen Becker später vor Gericht zu vertreten – es hat ihm offenbar Spaß gemacht.

In der Sprache der Ankläger liest sich der Bericht über den nächtlichen Ausflug vom Karnevalsdienstag folgendermaßen: »Der Angeschuldigte war der verantwortliche Leiter einer Reisegruppe [Reisegruppe!] von ca. 50 Personen, die kurz nach Mitternacht mit einem Bus von Köln nach Leverkusen fuhren, um dem Geschädigten Dr. D., einem Mitarbeiter der Firma Bayer AG, ein ›Ständchen‹ zu singen, weil der ›Rhein bereits genug verschmutzt sei‹. Gegen 1.30 Uhr betraten Personen dieser Reisegruppe sowie der Angeschuldigte das Hausgrundstück des Zeugen Dr. D. und lärmten mit Blechbüchsen, Eimern, Trillerpfeifen und Trompeten.« Glücklicherweise wurde der – eindeutig strafverschärfende – Umstand nicht erwähnt, daß an Ort und Stelle mehrfach der berüchtigte linksradikale Haßgesang: »Wenn das Wasser im Rhein goldner Wein wär'« gegrölt wurde (von fanatisierten Feministinnen und tatendurstigen Terroristen, natürlich). Wie hat nun unser Staatsanwalt den Sachverhalt gewürdigt? Ach ja, er hat hierin ein Vergehen nach § 303 Strafgesetzbuch (Sachbeschädigung) gesehen, da ja der Rasen betreten und »einige Gartenpflanzen zertreten« wurden. Erfreulich immerhin, daß keine Anklage nach § 325 Strafgesetzbuch (Luftverunreinigung und Lärm) erfolgte. Soweit bekannt geworden, hat eine entsprechende Intervention der Firma Bayer die Anklageerhebung in diesem Punkte verhindert, vermutlich deshalb, weil die Strafvorschrift im Köln-Leverkusener Raum bisher völlig unbekannt ist und nach Meinung von Bayer auch besser unbekannt bleiben soll. Ärgerlich nur, daß der zuständige Richter des Amtsgerichts Leverkusen die Anklage nicht zur

Das Plakat zur „Stunksitzung" war beleidigend

Gericht verhängte 750 Mark Geldstrafe

VON ALBERT HUHN

Das juristische Nachspiel um ein „Karnevalsplakat", das im Januar dieses Jahres für eine alternative Kölner „Stunksitzung" geworben hatte, fand gestern vor einer Einzelrichterin beim Amtsgericht statt. Bundesinnenminister Friedrich Zimmermann hatte den Prozeß ins Rollen gebracht, weil er das Plakat als Beleidigung empfunden und deshalb Strafantrag bei der Kölner Staatsanwaltschaft gestellt hatten.

Narrenkappe aufgemalt

Der Angeklagte Wolfgang N., Mitglied des im Kölner Spielezirkus" und Mitveranstalter der „Stunksitzung", hatte das Plakat gestaltet. Es zeigt ein Foto des toten Uwe Barschel in der Badewanne des Genfer Hotels, das mit einem Porträt von Bundesinnenminister Friedrich Zimmermann überklebt worden war. Über dem Kopf des Ministers war auf dem Plakat außerdem eine Narrenkappe aufgepinselt. Überschrieben war es mit den Worten: „In die Bütt".

Das Amtsgericht hatte Wolfgang N. bereits einen Strafbefehl über 800 Mark ins Haus geschickt. Dagegen hatte er Einspruch eingelegt.

Daß er mit dem Plakat auf einen eventuellen Selbstmord des Bundesinnenministers anspielen wollte, bestätigte der Angeklagte gestern ausdrücklich. Er habe die Entscheidung Barschels bewundert, „eine ähnliche Märschrichtung anzielegen wollen". Gleichwohl habe er das Ganze als Karnevalschers gemeint. Die Formulierung „In die Bütt" bezeichnete er als „zaghaften" versuchtes Einsprung auf dem rheinischen Dialekt".

„Bodenlose Infamie"

Staatsanwalt Alfhard Elfers sah in dem Plakat eine „bodenlose Infamie und Geschmacklosigkeit", die unterhalb der Gürtellinie liege. Die 500 Mark des Strafbefehls reichte deshalb als Denkzettel für Wolfgang N. nicht aus. Er beantragte eine Geldstrafe von 1800 Mark (60 Tagessätze zu 30 Mark).

Der Verteidiger nannte das beanstandete Plakat ein „Kunstwerk", das der durch das Grundgesetz geschützten Freiheit der Kunst unterlie-

ge. Das Bundesverfassungsgericht habe entschieden, daß Kunstfreiheit vorbehaltlos gewährleistet sei. Über das Niveau des Kunstwerks könne man durchaus geteilter Meinung sein, dieses jedoch sei nicht von strafrechtlicher Bedeutung.

Für den Tatbestand der Beleidigung sei die „tatsächliche Kundgabe von Mißachtung" erforderlich. Ob die vorliegende Aufforderung zum Selbstmord diese Voraussetzung erfülle, sei eher fraglich, da die Plakataktion ein Vorgang sei, der so bierernst genommen werden sollte.

Amtsrichterin Henriette Custodis schloß sich der Meinung des Staatsanwalts an. Sie verurteilte Wolfgang N. zu einer Geldstrafe von 750 Mark (25 Tagessätze zu 30 Mark). Auch Sadire habe ihre Grenzen, sagte die Richterin in der Urteilsbegründung. Satire höre da auf, wo die schwerwiegende Kränkung beginne. Dies sei durch die Aufforderung zum Selbstmord geschehen. Der Verteidiger will überlegen, ob sie Berufung gegen das Urteil einlegt.

Das Ermittlungsverfahren wegen Verunglimpfung des verstorbenen Uwe Barschel auf dem Plakat wurde mittlerweile eingestellt. Die Verunglimpfung Verstorbener wird nur auf Antrag verfolgt, und Barschels Witwe hatte keinen Strafantrag gestellt.

Bundesinnenminister Zimmermann hatte Strafantrag gestellt.

Kölnische Rundschau
27. Oktober 1988

Geldstrafe für Beleidigung Zimmermanns

Köln. (dpa) Mit einer Geldstrafe von 750 Mark muß ein 33jähriger Schauspieler für ein von ihm als Karnevalschers gedachtes Plakat büßen. In einer Fotomontage hatte er den Kopf des toten Uwe Barschel in der Badewanne durch den von Innenminister Friedrich Zimmermann ersetzt.

Der Minister zeigte den Schauspieler daraufhin wegen Beleidigung an. Die Amtsrichterin begründete zur Urteilsbegründung. Satire höre da auf, wo die schwerwiegende Kränkung beginne. Der Schauspieler hatte sich auf die Freiheit der Kunst berufen.

Hauptverhandlung zuließ, da nach seiner Auffassung »kein hinreichender Tatverdacht« für eine Sachbeschädigung gegeben sei. Voller Verbitterung legte Oberstaatsanwalt Dr. Bellinghausen himself gegen den Beschluß Beschwerde ein und machte empört geltend, daß »das angebliche Ziel der Reise, die Darbringung eines Ständchens, auch von außerhalb des Grundstücks aus hätte erfolgen können«. (Zwar miserables Deutsch, aber sonst ganz schön scharfsinnig!) Im übrigen sei aber auch noch eine Bestrafung nach dem Versammlungsgesetz unverzichtbar, da Irokesen-Heinz »als Leiter einen Aufzug ohne die erforderliche Anmeldung durchgeführt« habe.

Richter Liptow vom Landgericht Köln beeilte sich, der Beschwerde stattzugeben, so daß nunmehr die Anklage sowohl wegen des Verdachtes der Sachbeschädigung wie wegen des Verstoßes gegen das Versammlungsgesetz glücklich erhoben war. Daß tatsächlich der Prozeß ›Bayer gegen Irokesen-Heinz‹ lautete, wurde schnell deutlich: So überschwemmte die Rechtsabteilung der Firma Bayer Gericht und Staatsanwaltschaft mit Bettelbriefen, in denen um Verurteilung nachgesucht wurde; so erschien zum Termin der Zeuge Dr. D. in Begleitung derart vieler Ledermantelmänner, daß der Verdacht nicht ausbleiben konnte, hier seien außer den üblichen Catcher-Gestalten noch andere Mitglieder der Rechtsabteilung anwesend. Obwohl sodann der Zeuge Dr. D. mit dramatisch gesenkter Stimme das grausige Geschehen schilderte, seine Überzeugung wiederholte, die Täter hätten »gezielt und direkt sein Wohnhaus aufgesucht« (hierzu die Kripo: »Der Verlauf der Fußspuren im Schnee bestätigt diese Annahme«), blieb der Leverkusener Richter eigensinnig und verkündete: Freispruch.

Natürlich konnte die Staatsanwaltschaft hiermit nicht zufrieden sein, sie mußte Berufung einlegen. Das Landgericht Köln befand dann, die Aktion sei mit »in der Karnevalszeit üblichen Umzügen« nicht zu vergleichen, dementsprechend als Verstoß gegen das Versammlungsgesetz mit einer Verwarung zu bestrafen, hielt aber immerhin den Freispruch wegen der Sachbeschädigung aufrecht und fand in mündlicher Verhandlung und schriftlicher Urteilsbegründung nach offensichtlich längerer Forschungsarbeit bemerkenswert kurze Worte: »Das Motiv für die Veranstaltung ist in keiner Weise vorwerfbar. Es hält sich sogar [!] im Rahmen des Rheinischen Karnevals, dessen Ziel es seit jeher war, auf humorvolle Weise zeitgemäße Mißstände anzuprangern.«

Da zugleich als »Strafe« lediglich eine »Verwarnung« ausgesprochen wurde, blieb es Irokesen-Heinz erspart, die nächste Stunksitzung über Standleitung aus Ossendorf moderieren zu müssen. Staatsanwaltschaft Köln und Bayer-Rechtsabteilung (»wenn Männer zu sehr weinen«) mußten zunächst therapeutisch behandelt und psychisch stabilisiert werden, konnten hiernach jedoch einen dreitägigen Workshop abhalten. Für 1991 hat ihnen der Psychologe als Überlebenstraining einen Besuch in der Stunksitzung empfohlen.

Bonn: *Die dreckigen Geschäfte des in der Badewanne versunkenen Uwe Barschel werden in ihren Details bekannt. In der grünen Politik streiten sich Realos und Fundis mit Ausdauer. Auf der Bühne der Stunksitzung erscheint Alex, der stotternde grüne Krüppel aus Leverkusen.*

Alex aus Leverkusen.
Wolfgang Nitschke als Alex, Realo aus Leverkusen.

Ey, was issn das für'n Sauladen hier! Ey, mein Podest! Mein Podest! ›Aktion Sorgenkind! Aktion Sorgenkind!‹ Selber seid ihr genauso Arschlöcher! Mein Podest! ..... Jajaja, is schon gut! Ah, pack mich nich an! Verpiß dich! Schönen Gruß an Thoelke, du Arschloch! ... Sozialarbeiter!
Meine lieben Freunde und Freundinnen!
Hey hey hey ... hier kommt Alex ... nur noch ein Clown ... traurig anzuschau'n. Ja, ich bin der Alex vom ›Deutschen Verein für multiplen Geistesschwund – Die Grünen‹ und jetzt auch mit Glied im Bubundestag.
Früher war ich auch noch Kassenwart von unserer Leverkusener Iinii ›Schöner Leben ohne Fundis‹. Aber das war einmal. Denn die Kardinalfrage bei der Gründung eines jeden deutschen Vereins, nämlich: Wen schmeißen wir als ersten raus?, und: Wer darf nicht mitmachen?, diese Fragen haben wir Realos nach langen, sensiblen Gesprächen endlich lösen können. Die Fundis sind weg vom Fenster. Die Straße habe euch selig! Ärsche! Einer ist immer der Looser! Ganz unten, ganz hinten, am Arsch!
Ich muß euch mal erzählen, wie ich das in unserer Leverkusener Iinii gemacht habe. Ich hab ›Meyers Großes Taschenlexikon in 24 Bänden‹, und ich hab meiner Iinii vorgelesen, was in ›Meyers Großem Taschenlexikon‹ drin steht unter Realpolitik. Da steht nämlich ... ach, ich kann ja gar nicht lesen ... ohne Lesebrille *(holt Brille raus)*. Also, da steht unter Realpolitik: »1850 geprägter Begriff zur Kennzeichnung einer Politik, die vom Möglichen ausgeht«. Jaa, aber ich hab denen nicht gesagt, was da sonst noch stand, nämlich: »Konservativer Pragmatismus, der dabei auch bloßem Erfolgsdenken verfallen kann«. Hahaha, hab ich denen nicht erzählt! Weil ich nicht blöd bin!
Manche sagen ja, ich wär nur für den Parlamentarismus, weil ich auf Demos nicht so schnell weglaufen kann. Alles Lüge! Außerdem ist Weglaufen höchstens 'ne olympische Disziplin, aber keine parlamentarische Tugend! Ja, reden könnt ihr viel, aber zu sagen habt ihr nischt!
Meine lieben Arschlöcher ... äh, Freunde!
Ich komme jetzt zum Höhepunkt. Ich bin auch gleich fertig!
Also, ich hab' hier ein unglaubliches Thesenpapier von unsern arbeitslosen Fundis. *(singt hämisch)* Die Straße hab Euch selig!... Die schreiben:

Hey, mein Podest!
Wolfgang Nitschke als Alex
aus Leverkusen

»Barschel hat uns den richtigen Weg gewiesen. Mehr individuelle Einzelfallhilfe wagen!

Doch es kommt jetzt auf die kollektive Lösung an: Das neue Bundeshaus ist ein Wa..Wa..Wasserwerk – man muß es nur noch vollaufen lassen.«

Nein! So kann man nicht miteinander umgehen! Solche Leute gehören eben nicht in ein Wasserwerk ..äh.. in den Bundestag. Es geht doch nicht darum, gemeinsam zu ersaufen, sondern darum, vorher noch ein wenig mitzuplantschen!

Ich danke euch! Genscheremos!

(Wartet zufrieden, guckt dann aber immer unruhiger hin und her.)

Ey, ich bin fertig, du Arschloch! Ey, Sozialarbeiter, ich bin fertig! Penner ... Arschloch ... Wichser ...

Aaach–tung!

**GNLPFT gegen
Wienerwald**
Didi Jünemann,
Michael Friedrichs,
Thomas Pfaff,
Wolfgang Nitschke

**Is' ja nur ein
Häschen!**
Wolfgang Nitschke als
Alfred Voodoo

**Unser Schulz oder
welcher?**
Kameradschaftsabend
mit Hans Kieseier

D*as kulturelle Angebot wird in der heraufdämmernden Freizeitgesell-schaft Standortfaktor Nummer 1. Das steht inzwischen im Katechis-mus jedes mittelmäßigen Kommunalpolitikers. Und wer's immer noch nicht begriffen hat – ab zum Nachhilfeunterricht.*

Kultur-Macht-Politik.
Jürgen Becker und Hans Kieseier.

J: Wir vollziehen jetzt mit Ihnen den Wandel, den wir alle vollziehen müs-sen. Den Wandel von der Industriegesellschaft, von der Risikogesellschaft zur Kulturgesellschaft. H: Jegliche Form von Kulturlosigkeit stürzt Sie ins Verderben. Sie müssen jetzt in die Gänge kommen. Machen Sie das Hän-neschen. *Jeder Mensch ist ein Künstler.* Action Painting Porz. *Basteln Sie Schmuck.* Aus alten Flaschen und Bananen. *Treten Sie im Luxor auf.* Von uns aus mit einer Yukkapalme! Hauptsache: Es macht Krach! *Vielleicht komponieren Sie ein Musical.* Oder wenigstens 'ne Performance wird doch wohl drin sein. *Das ist jetzt angesagt.*

Der Sponsor ist obergärig...

Lassen Sie sich nicht so hängen. Wissen Sie, was Helmut Kohl gesagt hat:
H./J.: KULTUR MUSS ALS SINNGEBENDE GESTALTUNGSKRAFT
DIE WIRKLICHKEIT UNSERES LANDES DURCHDRINGEN.
Der Mann redet ja gegen die Wand, wie ich Sie sehe. Schon beim Bewer-
bungsgespräch als Hoechst-Manager müssen Sie eine Rolle rückwärts auf
dem Tisch machen und rufen: Hey, was ist denn da los, ich komm' mit drei
Pedalos. Die Kulturbanausen werden aus den Chefetagen verschwinden.
Sie kriegen doch heute schon kein Glas Kölsch mehr ohne Kunst verkauft.
Der Sponsor ist obergärig ... ... der Künstler Alkoholiker
H./J.: HAUPTSACHE MAN VERSTEHT SICH.
Kultur ist Wirtschaftsfaktor. *Kultur ist Standortfaktor.* Wenn Daimler Bölko Benz seine Rüstungselektronik in einer strukturschwachen Region, in
einer kleineren Stadt ansiedeln soll, dann muß da volle Pulle Kultur lau-
fen, sonst klappt das mit den neuen Arbeitsplätzen nicht.   *Dann ziehen
nämlich die leitenden Angestellten, die Führungskräfte, das Know How,
erst gar nicht dahin, wenn da kulturell tote Hose ist.*Dann können die den
Laden gleich wieder zumachen. Da muß abends die Münchner Lach- und
Schießgesellschaft auftreten, und das Ganze kritisieren. Sonst haben die
Herren von Bölko Benz ein schlechtes Gewissen, wenn das Kabarett sie
nicht kritisiert. *Dann fressen sie ihr latentes Unwohlsein in sich hinein.
Dann gibt's Magengeschwüre.* Und genau das ist auch unsere Aufgabe.
H./J.: KULTUR MUSS ALS SINNGEBENDE KRAFT DIE WIRKLICH-
KEIT UNSERES LANDES DURCHDRINGEN.
Und das passiert bereits: Selbst das ödeste, abgefackteste Kaff versucht
heute, seine Zukunft durch Kultur zu sichern. *Die Städte wetteifern um Di-
rigenten, Festivals, Ausstellungen, um kulturellen Auf- und Abstieg wie in
der Bundesliga. Kultur hat Konjunktur.* Kultur ist Konjunktur. *Kein Haushalt ohne Kabel, Video, Stereo.* Keine Stadt ohne Sommerfest, Museums-
bau, Feuerwerk, Sonderschau.*Die spektakulärste Inszenierung.* Der beste
Kinderchor. *Der berühmteste Dirigent.* Die schönsten Stimmen. *Der be-
kloppteste Künstler.* Die Kultur-, Medien- und Freizeit-Industrien sind die
derzeit größten Wachstumsbranchen der Industrienationen. Wer hätte zum
Beispiel gedacht, daß Musik soviel Umsatz macht: 25 Milliarden. Nehmen
wir zum Vergleich einmal die Luft- und Raumfahrt-Industrie: Lächerliche
9,8 Milliarden. Das ist ja nicht mal die Hälfte. *Mit Kultur kann man mehr
verdienen als mit Raketen. Sehr deutlich geworden ist das ja damals durch
die Challenger. Die war militär- und raumfahrttechnisch natürlich ein
Flop. Aber ein Kulturereignis ersten Ranges.* Wir haben alle gen Himmel
geblickt, um glühende Patrioten zu sehen. Weltweit höchste Einschaltquo-
te. *Wesentlich erfolgloser waren die anfänglichen Kulturaktivitäten der
Bundeswehr. Wer spricht heute noch von der Günter Noris Big Band?* Unvergessen bleiben jedoch kulturelle Glanzlichter wie Ramstein. *Das Publikum anfeuern und in flammende Begeisterung versetzen. Kultur hautnah
erlebbar machen.*

In Zeiten bombastischer Kunstmessen und der Multi-Media-Großkinocenters mit 5000 Quadratmeter Rambo muß man schon was bieten, gerade im Hinterland. *Insofern ist die Provinz den Metropolen kulturell teilweise schon um Meilen voraus. Während man in Hamburg und Bochum noch eigens für mittelmäßige Musicals wie Starlight Express und Cats bombastische Hallen aufbaut ... ...* reißt man in Remscheid für ein einziges Sondergastspiel der amerikanischen Luftwaffe ein ganzes Wohngebiet ab.*Nur so gelingt die perfekt inszenierte Verschmelzung von Bühne und Realität.*

H./J.: KULTUR MUSS ALS SINNGEBENDE GESTALTUNGSKRAFT DIE WIRKLICHKEIT UNSERES LANDES DURCHDRINGEN.

Gerade der Unsinn braucht Sinngebung ... ... ach, was rede ich, der Wahnsinn braucht Sinngebung. *In 50 Jahren sieht das dann so aus:*

H./J.: IN NORDAMERIKA UND KANADA IST DIE KORNKAMMER.

In den Schwellenländern der Dritten Welt ist die Schwerindustrie. Im pazifischen Raum das High-Tech-Zentrum. Und hier in Europa? Europa ist das Museum der Welt. Kultur Kulzur Kultur. *Das heißt: In Kanada rauschen die Mähdrescher ... ...* in Brasilien donnern die Walzstraßen, in Japan piepsen die Terminals. Und bei uns?

H./J.: BEI UNS IST IMMER HALLI-GALLI!

*D*er Beziehungs- und Familienalltag zwischen Gewalt und Hiebe liefer-
te in jedem Jahr Stoff für Stunksitzungsnummern. Zum Beispiel:

Domina.
Martina Bajohr und Günter Ottemeier.

Guten Abend, ich heiße Carina, bin 29 Jahre, verheiratet und Mutter von
zwei Kindern.

Mein Mann und ich, wir sind beide berufstätig, trotzdem versucht er, mir
bei Haushalt und Kindern zu helfen.

Mir geht es unglaublich gut, weil ich eine von den neuen Frauen bin.

Ich bin sehr erfolgreich, souverän, zielstrebig, selbst-
bewußt und vor allem unabhängig.

Ich lasse mir nicht mehr reinreden!

Wegen Mann und Kindern meine Karriere als Desi-
gnerin vernachlässigen, das ist für mich nicht mehr
drin.

Wo gehobelt wird, da fallen Späne.

Dabei fühle ich mich lockerer und femininer als je zuvor. Was den Sex und die Liebe angeht, bin ich aufge-
schlossen, aber souverän. Ich will alles, und zwar sofort!

Ohne wenn und aber, ohne das moralische Gequat-
sche von Gut oder Böse, richtig oder falsch, positiv
oder negativ. Natürlich soll der natürliche Unterschied
zwischen Mann und Frau das bleiben, was er immer
gewesen ist.

Mir geht es als Frau in dieser Gesellschaft unglaublich gut.

Komm her, Du Sau! Weil ich mir hier die Freiheit
nehmen kann, die ich brauche.

Komm her, Du Sau!

Oh ja!

Du mieses, kleines Schwein. Küß mir die Stiefel, los. Na, da rutscht Dir
der Verstand in die Hose, was.

Ich werde Dich behandeln wie Dreck.

Ich nehme mir die Freiheit, die ich brauche.

Oh ja!

Die Leidenschaft ist blutrünstig und tierisch, frei von bürgerlicher Moral,
frei von Anstand und Scham.

Komm her, Du armseliges Etwas! Ich will Macht haben, Dich benutzen,
Dir Schmerz zufügen!

Ich nehme mir die Freiheit, die ich brauche!

Oh ja!

Du gehörst mir, armseliger, kleiner Wichser, leck den Boden.
So wird ein kleiner, mieser Hund gefickt.
Ich nehme mir die Freiheit, die ich brauche!

Oh ja!

Steh auf, Du geile Sklavensau. Du wirst mich niemals bekommen, Du Nichts.
Ich werde Dich immer beherrschen.
Ich nehme mir die Freiheit, die ich brauche!

Oh ja, ja, ja!

Ich bin groß und stark und schön und ...

Mächtig, mächtig heißt das. An dieser Stelle bleibst Du immer hängen.
Aber sonst war es doch gut. Du wirst von Tag zu Tag besser. Der Kurs hat sich total gelohnt.
Du weißt, wie gern ich Dir die Freiheit gebe, die Du brauchst. Hm!

Helga, die kämpfende Hausfrau
Martina Klinke

Ich bin Helga, 'ne einfache Frau,
und als man mir sagte, ich sollte hier reden
vor Leuten wie Euch, so kritisch und schlau,
da taten mir schon die Knie beben.

Ich hab mich gefragt, was Euch interessiert,
ich habe mich beim Präsident informiert,
ich hab viel gelesen und dann hatt' ich es raus:
mit politischen Themen siehste immer gut aus.

Dat is wat für Euch, dat muß man hier bringen,
auch wenn's dem ein oder andren nicht gefällt,
doch man kann nicht nur schunkeln und Lieder singen,
wenn rundrum die Welt zusammenfällt.

Seh ich die armen Robben sterben,
ihr weißes Fell vom Blut getränkt,
dann zittre ich um meine Erben,
wer wohl an ihre Zukunft denkt?

Auch AKWs, die sind fatal,
denn Tschernobyl ist überall,
das Ozonloch läßt bald die Erde erglühn,
doch alle tun kräftig weitersprühn.

Es stirbt der schöne deutsche Wald,
zuviele Autos auf grauem Asphalt,
das Meer ist vergiftet, die Luft voller Dreck,
wenn das so weitergeht sind wir bald weg.

Da frag' ich mich doch, wo führt das all hin,
gibt's noch 'ne Rettung für uns und von wem,
die Antwort kommt mir hier in den Sinn,
ich kann es in euren Äugelchen sehn.

Denn Ihr seid anders, sonst wärt Ihr nicht hier,
und Du und Du, was tut Ihr dafür?
Ihr laßt Euch von den Katastrophen nicht dämpfen,
denn ohne Mut zu träumen hat man keine Kraft zu kämpfen.

Ihr habt Euch von allen Normen befreit,
Ihr lebt bewußt, und dat find ich gut,
gestaltet sinnvoll eure Zeit,
habt mit Konsumterror nix am Hut.

Ihr fliegt nach Gomera, raus in die Natur,
Ihr achtet die Leute, das Land, die Kultur,
genießt die kleinen Dinge des Lebens
mit Werbung lockt man Euch vergebens.

Es wird nur mit Bio und Öko geputzt,
Ihr kauft nur, was der Umwelt nutzt,
Obst aus Südafrika, nicht mit mir,
die Dritte Welt ist Euch dankbar dafür.

Ihr fahrt viel Fahrrad und gern mit dem Zug,
denn Autos gibt's wirklich schon genug,
Ihr braucht keine Technik und all solche Sachen,
um den Leuten hier viel Freude zu machen.

Ihr wohnt in WGs, lebt alternativ,
Ihr seid nicht wie alle so blind und naiv,
Leute wie Ihr, die dreh'n keine Däumchen,
die pflanzen noch heute ein Apfelbäumchen.

Drum find ich auch die Sitzung hier gut,
Ihr feiert mit Anspruch, Kraft und Mut,
frei nach dem Motto, jetzt laßt mich nicht lügen,
raus aus der Nato, rein ins Vergnügen!

Mit politischem Witz und bösen Reden,
Pointen, wo einem das Lachen vergeht,
mit Liedern, die sehr viel bewegen,
wird hier an der herrschenden Ordnung gedreht.

Denn meine Freunde, darf sagen: Genossen
rücken die Welt ins rechte Licht,
weil man hier gemein und unverdrossen
schonungslos die Wahrheit spricht.

Ab heute tu ich mit Euch protestieren
anstatt nur blöd zu lamentieren,
und obwohl ich nur et Helga bin,
ruf ich Euch zu in diesem Sinn,
so kämpft denn weiter, Tag für Tag:
Völker hört die Signale mit Kölle Alaaf.

1989

Aber Herr Kotschalck, das ist ja Hundekacke...
Herr Krollpfeiffer alias Wolfgang Nitschke bei »Kacken, daß...«

Der Tanz auf dem Bedürfnis
Klopersonal und Dirty Dancing (Günter Ottemeier und Martina Bajohr)

**...boah, ein
aufblasbarer Kaplan**
Zwei Nonnen auf dem Weg
zum Absolutus
Wolfgang Nitschke und
Heiner Kämmer

**Heavy-Metal-Köbes:
Farmer's Dance**
Buuredanz mit Georg Kunz

**Wenn der Karneval
zum Alptraum wird**
Horrorfinale 1989

Kitchenclimbing.
Die meisten Unfälle passieren im Haushalt.
Bruno Schmitz und Günter Ottemeier.

Sportreporter: Guten Abend, meine Damen und Herren. Wir kommen heute zu einer ganz jungen Sportart, die sicherlich schnell viele Freunde finden wird. Diese Sportart läßt den Kribbel des Lebens, ja, die Nähe des Todes geradezu spüren. Ich begrüße heute abend – live auf dieser Bühne – Ralf aus Köln-Süd als Repräsentant dieser neuen Trendsportart. Tag Ralf.

Ralf: 'n Abend.

Ralf, wie ist der Name dieser Sportart?

Kitchenclimbing.

Kannst du das mal bitte für unsere Zuschauer übersetzen.

Kitchenclimbing ist Englisch und heißt Küchenklettern.

Ralf ist also ein sogenannter Küchenkletterer. Was ist das?

Kitchenclimbing ist gefährlich, kostet und sieht gut aus.

Ja, wie dein Outfit, das sieht ja richtig knallig aus. Na, dann leg mal los! Hals- und Beinbruch, oder wie sagt man unter Kitchenclimbern?

Peace, Fun and Eggcake.

Friede, Freude, Eierkuchen. – Meine Damen und Herren, Ralf taxiert nun den Küchenschrank, er legt jetzt seine Route fest. Den Schrank, den wir hier aufgebaut haben, den hat Ralf noch nie bestiegen. Also eine ganz große Herausforderung für ihn, und Sie werden sehen und miterleben, wie riskant und halsbrecherisch Kitchenclimbing ist. (Ohne Mehl ist auch beim Kitchenclimbing nichts gebacken.) Vielleicht noch ein paar Anmerkungen zu Ralf. Er war in seinen jungen Jahren der Master of Eifelrock von Nideggen, später hat er allein hier in Köln den Colonius, den Dom und am 4. Januar bei minus drei Grad den Heinzelmännchenbrunnen erklommen. Ich sehe, Ralf ist fertig. Na, wo fängst du an?

Nach langem Überlegen habe ich mich dazu entschlossen, den Schrank von unten zu besteigen.

Na, das beweist Risikobereitschaft. Viel Erfolg! – Ralf setzt nun seinen ersten Griff an, aber noch hat er den richtigen Ansatz nicht gefunden. Oh, er scheint die Route durch das Innere des Schrankes gewählt zu haben, und mit einem rückwärtsgezogenen Spreizhang verschwindet er im Inneren und schließt die Tür. Sie sehen, Kitchenclimbing ist eine saubere Sportart, sie hinterläßt absolut keine Spuren in der Küche. Dieser Schrank, meine Damen und Herren, ist ein 62er Möbel Hans, aus der Serie ›Gelsenkirche-

ner Barock‹, völlig neu gestylt. Schauen Sie die handgeschnitzten Ornamente, die feingeschliffenen Rundungen und die Intarsienarbeiten im Inneren. Oh, Ralf?

Ich habe mich verirrt; ich bin in eine Sackgasse geraten, aber ich gebe noch nicht auf!

Sie sehen, Kitchenclimbing ist gefährlich. Auch einem Profi wie Ralf können Fehler unterlaufen, die in gewissen Situationen tödlich enden können. Deshalb sollte der Anfänger nie alleine in die Schrankwand gehen, sondern stets angeseilt oder in Gruppen zu siebt.
Ralf setzt seinen Weg im Inneren fort. Und da ist er in der Mitte angelangt. Und er will jetzt von innen nach außen durch die Schublade. Das geht nicht, das ist zu eng. Er hat's gemerkt und zieht sich zurück. Aber da ist er auch schon an der Nordflanke angelangt. Er schlägt den unteren Schrankflügel auf. Weit hängt sein Oberkörper über dem Abgrund. Das sieht gefährlich aus. Mit einem Handrißgriff will er nun über die ausgefahrene Schublade. Das klappt nicht. Der Arm ist ein wenig zu kurz. Was macht er jetzt? Mit dem Kopf durch die Schublade. Genial, wie Ralf den Weg verkürzt. Kitchenclimbing ist nicht nur Muskelkraft, sondern auch Kopfarbeit. Er klettert jetzt auf die Anrichte und bewegt sich wie ein Leopard im Neonfell. Graziös, wie Ralf jetzt in der Schrankwand hängt. Man könnte ihn glatt auch den Gekko vom Griechenmarkt nennen. Ich denke, der richtige Augenblick, ihm einige Fragen zu stellen. Ralf, wie sieht's aus?

Ich hatte Angst; ich war am Ende mit meinen Kräften, aber ich gebe trotzdem noch nicht auf, denn ich bin mental total gut drauf, und ich denke, mit Gottes Hilfe und viel Mehl werde ich es schaffen.

Viel Erfolg für die zweite Etappe. Ralf setzt seine Route auf einem schmalen Vorsprung Richtung Süden fort. Nun erreicht er die Spitze. Er beugt sich über den Abg... oh, das sieht aber tief aus, Ralf. Hier kann es nicht weitergehn. Er hat's gemerkt. Er tritt den Rückzug an. Das kostet Kraft, und wir wollen hoffen, daß ihm am Ende diese Kraft nicht fehlt. Er scheint jetzt eine Position gefunden zu haben, in der er sich wieder umdrehen kann. Er setzt eine gehockte Kniewende rechts seitwärts an. Das gelingt ihm auch, das ist Kitchenclimbing in Vollendung, geradezu wie aus dem Lehrbuch. Nun befindet er sich über dem Toaster. Oh, seine linke Hand ist abgerutscht, genau in den Toaster hinein. Au, das tut weh, das muß behandelt werden. Bitte nicht aufgeben, Ralf. Er macht auch weiter und öffnet vorsichtig die Schranktür. Nein, eine Geschirrlawine an den Kopf von Ralf. Er scheint bewußtlos. Ralf hat jetzt nicht mehr alle Tassen im Schrank. Wenn das nicht das Ende bedeutet. Er hängt jetzt alleine in der Schrankwand, niemand kann ihm helfen. Gott sei Dank, er hat sich nicht verletzt. Und schauen Sie, welche Disziplin und Willensstärke dieser Junge hier an den Tag legt. Er setzt seinen Weg fort. Und nur mit zwei Fingerspitzen beamt er seine 71,3 Kilo nach oben, gelangt langsam in die Standposition und steigt mit dem rechten Bein über die geöffnete Schranktür. Oh, das sieht ein wenig klemmig aus, Ralf. Und mit einem Handwechselgriff zieht er das linke Bein nach. Er geht auf Zehenspitzen an der Außenkante weiter. Was ist das? Ralf ist abgestürzt! Ralf ist abgestürzt! Ist das das Ende, Ralf? Ist das das Ende?

Ich bin abgestürzt!

Wo lagen die gefährlichsten Punkte auf deiner Route?

Ich habe mir weh getan, und die gefährlichsten Punkte auf meiner Route lagen ... äh ... ich würde das Interview lieber später fortführen.

Dafür haben wir natürlich Verständnis, meine Damen und Herren. Ist das spannend, ist das aufregend. Seine Füße finden wieder Halt. Wie Saugnäpfe haften seine Schuhe an der glatten Außenwand. Er zieht seinen Oberkörper über die scharfe Schrankkante und ist nun kurz vor dem Gipfel. Er robbt dem Ziel förmlich entgegen. Es scheint ihm zu gelingen, und da ist er am Ziel. Bravo, Ralf. Er hat es geschafft. Fantastisch!
Ja, meine Damen und Herren, beim nächsten Mal präsentieren wir Ihnen eine weitere Sportart, die es in sich hat: Fönsurfen im Badezimmer. Soviel sei vorab schon verraten: Dazu benötigen Sie einen ganz normalen Haushaltsfön – so wie diesen – einfach nur anknipsen ... oh! (Ralf fällt vom Küchenschrank.)
Das war's. Und wie sagte doch Ralf vorhin so schön: ›Kitchenclimbing ist gefährlich, kostet und (dreht sich, hoch oben auf dem Hubwagen stehend, um und blickt auf Ralf hinunter, der hinter dem Schrank liegt) sieht gut aus‹. Guten Abend!

D er neue Präsident des Festkomitees Kölner Karneval, Gisbert Brovot, will in Zukunft die Dreigestirne nicht ohne entsprechende Schulung auf die Bühne lassen. Die Stunksitzung gewährt einen Blick ins Trainingslager des Frohsinns.

Dreigestirn-Schulung.
Martina Bajohr, Jürgen Becker, Didi Jünemann,
Günter Ottemeier, Detlev Wiener.

Jürgen   Guten Abend, wir sind vom Missionswerk Rheinischer Frohsinn.

Didi   Das Festkomitee Kölner Karneval hat uns geschickt, wir sollen dafür sorgen, daß in der nächsten Session die Qualität wieder stimmt.

Jürgen   Wer von Ihnen ist denn jetzt der Prinz?

Prinz   Isch. Karl Heinz Schmitz, Klima-Heizungs-Regeltechnik, Prinz.

Bauer   Elmar Küppersbusch, Unternehmensberatung – Investmentfonds, Küppersbusch und Partner, bitteschön *(Visitenkarte)*.

Jungfrau   Günter Schnorrenberg, 1948 in Köln geboren, im Hildegardiskrankenhaus, 1950 zunächst ein paar Jahre Hildesheim, später Lippstadt. Seit zwei Jahren wieder in Köln und schon Jungfrau! Ich glaube, weil ich in Köln geboren bin.

Didi   Meine Herren, wir wenden uns jetzt direkt Ihren Auftritten zu.

Jürgen   Ja. Der wichtigste Satz in der kommenden Session ist, wie in allen anderen Sessionen auch: Das ist der schönste Tag in meinem Leben.

Didi   Wer sagt das von Ihnen? Natürlich der Prinz, also Sie, Herr Schmitz.

Prinz   Das ist der schönste Tag in meinem Leben.

Didi   Ja, das war textlich schon sehr gut, aber jetzt versuchen wir das mal mit etwas mehr Stimmung, etwas mehr Frohsinn, bitte nochmal.

Prinz   Das ist der schönste Tag in meinem Leben. *(Genauso wie oben.)*

Jürgen   Das war ja schon viel besser. Sie müssen nur folgendes bedenken, Herr Schmitz. Diesen Satz sagen Sie in der kommenden Session genau 289mal. Sie haben also 289mal den schönsten Tag in Ihrem Leben. Das muß natürlich irgendwie rüberkom-

	men, das muß überzeugend klingen, die Leute müssen Ihnen das glauben.
Jungfrau	Vielleicht, wenn ich es mal versuchen könnte, ich bin ja in Köln geboren...
Jürgen	Herr Schnorrenberg, diesen Satz, den sagt seit eh und je der Prinz, und dabei wollen wir es auch belassen, der Karneval ist ja auch ein bißchen traditionsbewußt.
Bauer	Entschuldigung, meine Herren, wäre es eventuell möglich, den dritten Schulungstermin ausfallen zu lassen?
Didi	Das liegt nicht in unserer Kompetenz, Herr Küppersbusch, da müssen Sie im Festausschuß anrufen. Nochmal zu Ihnen, Herr Schmitz. Hatten Sie irgendwie Verständnisprobleme mit dem Text?
Prinz	Nee, so direkt nicht, aber der schönste Tag in meinem Leben, das war, als wir in unserm Büro die neue Klima-Anlage eingebaut haben. Das war für mich der schönste Tag in meinem Leben.
Jürgen	Das mag ja alles sein, aber das bringt uns doch jetzt hier nicht weiter!
Didi	Aber da helfen wir Ihnen, dafür sind wir ja da. Wir zeigen Ihnen mal 'nen kleinen Trick, hören Sie mal genau hin: Das ist der ... schönste Tag in meinem Leben.
Jürgen	Ja, genau, haben Sie gehört, wie der Kollege das gemacht hat? Das ist der ... schönste Tag in meinem Leben, diese kleine Pause, das erweckt so den Eindruck, als wäre Ihnen das grad in dem Moment erst eingefallen.
Prinz	Das ist der schönste Tag ... oh, jetzt hab ich die Pause vergessen.
Jungfrau	Vielleicht könnte ich das mal probieren, wo ich doch in Köln ...
Jürgen	Herr Schnorrenberg, ist gut jetzt, ich sag es einmal, und dann reicht es.
Didi	Herr Schmitz, ist nicht weiter schlimm, das mit der Pause kriegen wir schon hin, wir haben da nämlich noch einen Trick auf Lager: Wir machen statt der Pause jetzt einfach einen Pfiff. Das ist der *(Pfiff)* schönste Tag in meinem Leben.
Prinz	Das ist der *(schwacher Pfiff)* schönste Tag in meinem Leben.
Didi	Sehr schön, und jetzt das ganze nochmal, nur statt Pfiff eben Pause.
Prinz	Das ist der schönste Tag in meinem Leben.
Jürgen	Die Pause!
Prinz	Das ist der schönste Tag in meinem Leben.

Didi	Denken Sie an den Pfiff.
Prinz	Das ist der *(Pfiff)* schönste Tag in meinem Leben.
Jürgen	Sie sollen sich den Pfiff denken, nicht pfeifen!
Jungfrau	Ich bin ja nicht nur in Köln geboren, ich kann auch ganz ausgezeichnet pfeifen: *(Pfeift unverständlich eine Melodie).* Ich hab jetzt 'nen trockenen Mund.
Didi	Vielen Dank, Herr Schnorrenberg.
Bauer	Wäre es eventuell machbar, die Prinzenproklamation auf die 43. Kalenderwoche zu verschieben?
Didi	Da müssen Sie das Festkomitee anrufen, am besten sprechen Sie mit Herrn Brovot selber. Herr Schmitz, wir üben jetzt nochmal die Pause, vielleicht probieren Sie es mal mit einem Krrrr statt Pfiff.
Prinz	Das ist der krrr schönste Tag in meinem Leben. Das ist der krrr schönste Tag in meinem Leben. Das mit dem krrr klappt ganz prima.
Didi	Ja, aber denken Sie daran, statt dem krrr hinterher Pause. Aber wir haben ja noch drei weitere Termine, da lernen wir dann noch mehr Frohsinn ...
Bauer	Zwei.
Didi	Ja, von mir aus auch nur zwei.
Jungfrau	Aber am Ende, da könnte ich doch vielleicht noch, wo ich doch ein gebürtiger Kölner bin ...
Jürgen	Herr Schnorrenberg, jetzt reicht's. Was heißt hier eigentlich gebürtiger Kölner? Glauben Sie, wenn eine Katze im Fischgeschäft Junge kriegt, dann sind das dann hinterher Kalamares oder was?
Jungfrau	Das hab ich nicht verstanden.
Jürgen	Ja, sehnse, das ist es nämlich. Meine Herren, jetzt hören Sie mir mal gut zu. Wenn Sie in der Session auftreten, als Trifolium, als Stolz des kölschen Fasteleers, dann müssen Sie das bringen. Sie kommen da teilweise in Säle, da ist keine Stimmung, da ist es kalt, z.B. Schützenhalle Flittard, kühler Mehrzweckbau, das ist wie ein Kühlschrank, da hängen die Eiszapfen von der Decke. Und wenn Sie sich dann da hinstellen und sagen: Das ist der ... schönste Tag in meinem Leben, dann taut das da auf, dann kommt Ihnen die Stimmung und der Frohsinn auf die Bühne geschwappt. Nehmen Sie das nicht so leicht.
Prinz	Das ist der ... schönste Tag in meinem Leben.
Didi	Wunderbar, ausgezeichnet.
Jürgen	Ich hab's nicht mehr geglaubt.

Didi	Und jetzt bitte den ganzen Text. Und Sie, meine Herren Bauer und Jungfrau, Sie streuen dann ab und zu ein: ›Und das ist überwältigend‹.
Jungfrau	Und das ist überwältigend? Ah ja.
Prinz	Das ist der schönste Saal von Köln. Und warum ist das der schönste Saal von Köln?
Jungfrau	Und das ist überwältigend.
Prinz	Leute, weil ihr alle da seid. Und warum seid ihr alle da? Weil wir Karneval feiern.
Jungfrau	Und das ist überwältigend.
Didi	Vielleicht lassen Sie zur Abwechslung auch mal den Bauer zu Wort kommen.
Bauer	Könnten wir den 11.11. auf den 18.11. verlegen?
Didi	*(Kopfschütteln)*
Prinz	Leut', was seid ihr alle herrlich bunt kostümiert, was für eine Bombenstimmung. Ich bin überglücklich.
Jungfrau	Und das ist überwältigend.
Prinz	Und deshalb ruf ich euch aus vollem Herzen zu: Das ist der schönste Tag in meinem Leben.
Jürgen + *Didi*	Die Pause – er hat die Pause vergessen!
Jürgen	Nein! Kein Bützchen, Abmarsch, raus!
Bauer	Könnten wir den Rosenmontagszug auf den 17. Mai verlegen?
Didi	Wir sind hier nicht in Düsseldorf! Raus!

Dreigestirn zieht mit entsprechender Sitzungspräsidentenansage von hinten mit allem Tamtam und Getöse in den Saal.
Auf der Bühne Tusch etc. Dann tritt Herr Schmitz ans Mikro.

Prinz:	Liebe Jeckinnen und Jecken! Das ist der schönste Saal von Köln! Und warum ist das der schönste Saal von Köln? Weil Ihr alle da seid!
Jungfrau:	Und das ist überwältigend!
Prinz:	Ihr seid die schönsten Jecken von Köln! Und warum seid Ihr die schönsten Jecken von Köln? Weil Ihr so herrlich bunt kostümiert seid!
Jungfrau:	Und das ist überwältigend!

Prinz:	Wenn Ihr nicht hier im Saal wäret, dann wär das nicht der schönste Saal von Köln! Ich bin überglücklich hier mit Euch im schönsten Saal von Köln zu sein! Diese Bombenstimmung! Die herrlichen Kostüme, ich möchte sagen, die schönsten und buntesten Kölner und Kölnerinnen! Ich liebe Euch alle! Das ist für mich der... äh... *(Pfiff)* äh... Krrrr...
Jungfrau:	Das ist überwältigend!
Bauer:	Das ist der ... schönste Termin in meinem Leben!
Prinz:	Das ist der schönste KRRR von Köln!
Jungfrau:	Das ist überwältigend, das mit dem Saal!
Prinz:	Ich liiiebe mein Kostüm!
Bauer:	Das ist der schönste Termin in diesem KRRR!
Prinz:	Ihr seid die schönsten Kölner, die noch leben!
Jungfrau:	Und das ist überwältigend!
Bauer:	Ihr seid die überwältigsten Saaljecken in meinem Termin!
Prinz:	Und deshalb rufe ich Euch hier und heute aus vollem Herzen zu: Leute, Ihr seid das *(Pause)* schönste Fachgeschäft von Köln. *(Blickt triumphierend die Kollegen an.)* Herr Dr. Küppersbusch, Herr Schnorrenberg: Haben Sie gemerkt? Ich hab die Pause gepackt! Die Pause!
Jungfrau:	Ich als gebürtige Calamares sage Euch: Das ist überwältigend!
Prinz:	Herr Kapellmeister: Butter bei die Fische, eine Rakete fürs Geschäft!
Prinz:	Kommando 1... Kommando 2... Kommando 3...

(Klatschmarsch... Abmarsch)

Kein Schweiß auf Holz
Sauna-Nummer

Spaß mit Vollgas
Autofreie Stadt
Martina Bajohr,
Christian Rzepka,
Didi Jünemann

Kettenreaktion in Karnevalsversion.
Jürgen Becker und Didi Jünemann.

(frei nach Wolfgang Neuss)

Prinz zur Jungfrau:
Morgen früh 9 Uhr Sonnenfinsternis, was nicht alle Tage passiert. Die Männer sollen im vollen Ornat auf dem Alter Markt stehen und sich das seltene Schauspiel ansehen. Das Festkomitee wird den Funken alles erklären. Falls es regnet, dann werden wir nichts sehen und in die »Lachende Sporthalle« gehen.

Jungfrau zum Bauern:
Befehl vom Prinz: Morgen früh um 9 ist eine Sonnenfinsternis. Wenn es regnet, kann man sie auf dem Alter Markt nicht sehen. Dann findet sie in vollem Funkendrillich in der »Lachenden Sporthalle« statt. Etwas, was nicht alle Tage passiert. Das Festkomitee wird's erklären, weil das Schauspiel selten ist.

Bauer zum Präsidenten der Ehrengarde:
Schauspiel vom Festkomitee: Morgen früh 9 Uhr im Funkendrillich Proklamation der Sonnenfinsternis in der »Lachenden Sporthalle«. Das Festkomitee wird erklären, warum es regnet. Sehr selten sowas.

Präsident der Ehrengarde zum Kommandanten der Roten Funken:
Seltener Schauspielbefehl: Morgen um 9 wird das Festkomitee im Funkendrillich die Sonne verfinstern, wie es die tollen Tage passiert, in der »Lachenden Sporthalle«, wenn ein schöner Tag ist. Wenn's regnet: Alter Markt!

Funkenkommandant zum Funkenmarieche:
Marieche oppjepaß: Morjen um 9 Verfinsterung des Festkomitees wegen der Sonne. Wenn es in der Sporthalle regnet, was nicht alle Tage passiert, Antreten auf dem Alter Markt zum Lachen. Toll sowas!

Gespräch unter den Funken:
Haste schon gehört, wenn's morgen regnet? – Ja, ich weiß, das Festkomitee will die Funken verfinstern. Wenn der Alte keine Mark hat, geht's Mariechen anschaffen, und wir sollen Selters bekommen. Typisch sowas! Das Festkomitee wird erklären, warum aus rein sportlichen Gründen gelacht wird. Schade, daß das nicht alle Tage passiert.

Wundern Sie sich jetzt, warum beim Rosenmontagszug die Kommandanten nie ganz überfahren werden?

Kölsch und Kartoffelsalat als gastronomisches Gruppenerlebnis
»Lecker mümmele und lecker süffele« mit der Kölner Spielewerkstatt

**Karneval ist eine
ernste Sache**
Der kritische Blick des
Regisseurs Thomas Köhler

Und Karneval heißt Volkstanz
Choreographie mit Elke Bludau...

...und Barbara Staab

**Noch mehr Regie zum
»Nummern-Machen«**
Gabi Dressler (Mamma
Grappa) und Joschi Krüger
(Double U.C.)

Die Sonne geht auf
Strahlende Elferrätin Edith Kerz

**Zappes Alf hinger de
Theek**

König der Narren
Keine Sitzung ohne Olaf

Mensch und Technik Utta und Christian Lorenz und Norbert Honisch haben die
Bühne zuverlässig in der Hand – Grund zur Freude

**Black Out – aber extra und auf
die Sekunde genau**
Mustafa und Hubert

**Karneval heißt viele bunte
Knöpfchen**
Peter Brenner gehört zum guten Ton

**Der schönste Platz ist
überall**
Ob auf der Bühne oder an
der Theke: Bernd Königsfeld

**Karneval ist vor allem
Statik**
Winni Clever konstruiert
alles Große großartig

Alles klar?
Klaus von der MSH
(Musiker Selbsthilfe)

Mit Sturmhaube gegen den Staatsanwalt
Unser Anwalt Alfred Bongard (li.) und unser
Drucker Bernd Fehrensen Prima Print

AUTORINNEN UND AUTOREN

Jürgen Becker, Jahrgang 1959, Autor und Karnevalist
Gisbert Brovot, Jahrgang 1928, Architekt, Vorsitzender Festkomitee des
  Kölner Karnevals
Tommy Engel, Jahrgang 1949, Musiker, Institution bei den »Bläck Fööss«
Jörg Hallerbach, Jahrgang 1945, Naturwissenschaftler, Wissenschafts-
  publizist, Unternehmer
Elke Heidenreich, Jahrgang 1943, Journalistin, Autorin, Moderatorin
Wolfgang Hippe, Jahrgang 1946, zahlreiche Veröffentlichungen,
  Mitglied der Agentur für Recherche und Text (A.R.T.)
Peter Meisenberg, Jahrgang 1948, Autor und Journalist
Wolfgang Niedecken, Jahrgang 1951, Maler und Musiker
Heinrich Pachl, Jahrgang 1943, Privatdezernent für allgemeine
  Vertrauensbildung
Richard Rogler, Jahrgang 1949, Autor und Kabarettist
Kurt Rossa, Jahrgang 1930, Oberstadtdirektor a.D. und Autor, z. Zt.
  tätig als Rechtsanwalt
Wolfgang Schmitz, Jahrgang 1948, feiert seit Kindertagen Karneval
  und arbeitet für den Rest des Jahres als Redakteur im WDR-Hörfunk
Max-Leo Schwering, Jahrgang 1924, ehemaliger Direktor bei den
  historischen Museen der Stadt Köln

Stadt/Revue

KÖLNS STADTILLUSTRIERTE

..... in Köln machen wir die Musik .....